"A SIGNIFICAÇÃO DO FALO"
Uma leitura

Diana Rabinovich

"A SIGNIFICAÇÃO DO FALO"

Uma leitura

Tradução
André Luis de Oliveira Lopes

Editor
José Nazar

Copyright © by Ediciones Manantial SRL, 1995

TÍTULO ORIGINAL
Lectura de "La significación del falo"

Direitos de edição em língua portuguesa adquiridos pela
EDITORA CAMPO MATÊMICO
Proibida a reprodução total ou parcial

EDITORAÇÃO ELETRÔNICA
Victoria Rabello

TRADUÇÃO
André Luis de Oliveira Lopes

REVISÃO
Sandra Regina Felgueiras

EDITOR RESPONSÁVEL
José Nazar

CONSELHO EDITORIAL
Bruno Palazzo Nazar
José Nazar
José Mário Simil Cordeiro
Maria Emília Lobato Lucindo
Teresa Palazzo Nazar
Ruth Ferreira Bastos

Rio de Janeiro, 2005

ISBN 85-85717-97-1

Companhia de Freud
editora

ENDEREÇO PARA CORRESPONDÊNCIA
Rua Barão de Sertório, 57 – 6º andar
Tel.: (21) 2293-7166
Rio Comprido – Rio de Janeiro
Cep 20.261-050
e-mail: ciadefreud@ism.com.br

Índice

Introdução 7

Leitura 9

Introdução

O texto "A significação do falo" é um texto breve, denso e central no tocante ao conceito de falo na obra lacaniana. Alguns dos desenvolvimentos básicos a esse respeito estão incluídos nele. Sem dúvida, ainda faltam muitos outros que culminarão na definição da função fálica nas fórmulas de sexuação.

O comentário que se segue resume os seminários internos para os docentes da classe de Escola Francesa I, da Faculdade de Psicologia da UBA, desenvolvidos entre os anos de 1987 e 1994. Portanto, seu propósito é fundamentalmente didático, dado que tenta precisar os conceitos em jogo no texto e esclarecer o próprio texto, a fim de permitir uma transmissão rigorosa.

Sua função, portanto, é a de acompanhar a leitura completa do texto. Ainda que seja óbvio, creio necessário assinalar que me parece imprescindível uma primeira leitura completa do texto dos *Escritos*[1], que deve preceder e, também, suceder a leitura desse comentário. A fim de facilitar a leitura foram enumerados os parágrafos do escrito e cada citação aparece com o número do parágrafo e da página correspondentes. Por exemplo, (1, 665) significa parágrafo 1, página 665. Convém, então, que cada leitor numere também os parágrafos de seu texto particular, para assim poder situar as citações parciais no conjunto do parágrafo citado. A paginação corresponde

---

[1] Lacan, Jacques. "La significación del falo", *Escritos*, Tomo II, Siglo XXI, Buenos Aires, 1985.

à edição completa do ano de 1985 (Siglo XXI, México, páginas 665-675), mas a anterior, de 1975, tem a mesma seqüência de parágrafos, variando apenas a paginação*.

Para o leitor pouco inteirado da obra de Lacan, talvez seja útil expor alguns dos marcos anteriores de sua obra que culminam nesse escrito cuja leitura recomendamos, na medida em que facilitarão a leitura.

A temática do falo aparece tratada em sua forma original no final do *Seminário III, As psicoses*[2], e recebe um amplo e decisivo desenvolvimento no *Seminário IV, A relação de objeto*[3], recentemente publicado em castelhano. "A significação do falo" retoma, parcialmente, os desenvolvimentos dos *Seminários V*, "As formações do inconsciente", e *VI*, "O desejo e sua interpretação", ainda inédito. A fim de completar esse primeiro panorama, é necessário explorar os desenvolvimentos em torno da metáfora paterna, também presentes nos *Seminários V* e *VI*, que são retomados no escrito "Uma questão preliminar a todo tratamento possível da psicose"[4].

Por essa razão, de modo algum se lerá nesse comentário uma exposição completa da teoria do falo em Lacan, mas somente uma tentativa de leitura conceitual de um texto difícil, que espero possa servir de introdução à problemática que este abre.

Um percurso, que pretende ser mais amplo, fará parte do segundo tomo do livro *O conceito de objeto em psicanálise*, que será publicado brevemente.

---

* A fim de manter o rigor da autora, acrescentaremos, após a referência ao texto em castelhano e utilizando o mesmo critério, a escrita da numeração do parágrafo e da página tal como se encontram na tradução para a língua portuguesa – Lacan, Jacques. *Escritos*, Rio de Janeiro, JZE, 1996 –, substituindo os parênteses por colchetes, isto é, [1, 692]. Ressaltamos, entretanto, que o texto das citações não corresponderá integralmente à tradução em língua portuguesa, uma vez que julgamos importante tomar como referência a transcrição feita pela autora, ainda que isso implique uma tradução da tradução do texto dos *Écrits* (já modificada em alguns pontos pela autora). (NT)

[2] Lacan, Jacques. *El Seminario: Libro III, Las psicosis*, Paidós, Buenos Aires, 1984.

[3] Lacan, Jacques. *El Seminario: Libro IV, La relación de objeto*, Paidós, Barcelona, 1995.

[4] Lacan, Jacques. "Una cuestión preliminar a todo tratamiento posible de la psicosis", *Escritos*, Tomo II, Siglo XXI, Buenos Aires.

Leitura

O texto "A significação do falo"[1] começa da seguinte maneira:

Sabe-se que o complexo de castração inconsciente tem uma função de nó. (1, 665) [1, 692]

Primeira frase do texto à qual se há de prestar muita atenção. Não se trata de pensar que a presença da palavra "nó" indica que Lacan já pensava no nó borromeano. E sim, por outro lado, de indicar que essa presença marca um dos principais problemas da função fálica, uma vez que o falo se caracteriza por ser um ponto de encruzilhada – termo, nesse contexto, perfeitamente equivalente ao de nó –; um ponto para o qual caminhos distintos convergem e onde se produz, deste modo, a convergência das diferentes ordens que Lacan definiu como seu três: o simbólico, o imaginário e o real *.

---

[1] Lacan, Jacques. "La significación del falo", en *Escritos*, Tomo I, Siglo XXI, Buenos Aires, p. 665.

* Deve-se a isso o jogo que Lacan fará posteriormente com o próprio título do artigo "A significação do falo", quando afirma que esse título, na realidade, queria dizer algo diferente daquilo que parecia dizer, ao modificar o sentido do termo *Bedeutung* – significação, em alemão –, dando-lhe o sentido lógico de Frege, que equipara *Bedeutung* a referente ou referência. No momento, não temos prova alguma de que Lacan, nessa época, tomasse esse termo no sentido de Frege. Graças ao sentido técnico de *Bedeutung* em Frege, retroativamente, a significação do falo sofrerá um reviramento muito diferente.

Nessa época, 1958, a significação – no ensino de Lacan – é produzida pela metáfora e pela metonímia, nome retórico que dá, respectivamente, à condensação e ao deslocamento freudiano, os dois mecanismos próprios do processo primário inconsciente para Freud. Nesse contexto, a significação é definida como um produto, um efeito da metáfora e da metonímia, da condensação e do deslocamento, isto é, da legalidade própria do processo primário no inconsciente. Por essa perspectiva, a significação, como produto da metáfora e da metonímia, remete sempre a outra significação, tal como formulava o *Seminário I*, formulação que mantém aqui toda a sua validade.

Paradoxalmente, contudo, esse texto, que se intitula "A significação do falo", tem como tema central o significante fálico. Esse texto precisa a diferença entre a significação fálica e o significante fálico.

O ordenamento dos textos nos *Escritos* sofre certa alteração de sua ordem cronológica, tanto na edição francesa como na última versão castelhana*. O texto "A significação do falo" já supõe a produção da significação fálica por ação da metáfora paterna. De modo que a significação do falo não é idêntica à significação fálica, primeiro ponto que exige uma reflexão de nossa parte.

Esse nó, que é o complexo de castração, é um nó relacionado a dois pontos que serão retomados depois, em sua articulação com a sexuação feminina. Em "A significação do falo" refere-se a isso, ainda que sem remeter especificamente ao tema, dando-o por certo. Diz:

[tem uma função de nó] 1º. na estruturação dinâmica dos sintomas no sentido analítico do termo, queremos dizer, daquilo que é analisável nas neuroses, nas perversões e nas psicoses; (2, 665) [2, 692]

Essa é uma formulação coerente com o que Lacan repete muitas vezes no *Seminário X*, "A angústia" – do mesmo modo que em outros Seminários –: o sintoma, como significação do Outro, s(A) no grafo, tem uma relação particular com o falo.

Acrescenta, depois:

---

* Assim como na versão brasileira. (NT)

> [a segunda função repousa] numa regulação do desenvolvimento que dá sua *ratio* [no sentido de razão, de proporção] a esse primeiro papel: [...]. (3, 665) [3, 692]

O falo, então, é situado como regulador do desenvolvimento; função esta que se funda na idéia de uma proporção, de uma medida comum, de uma razão no sentido matemático, que oferece um padrão de medida que lhe permite operar na estruturação dinâmica dos sintomas; o falo, uma vez que cumpre uma função de regulação do desenvolvimento, oferece a *ratio* – a medida comum –, chave para o desempenho de seu papel na "estruturação dinâmica dos sintomas".

A frase conclui:

> [...] a saber, a instalação, no sujeito, de uma posição inconsciente sem a qual não poderia identificar-se com o tipo ideal de seu sexo, nem sequer responder, sem graves vicissitudes, às necessidades de seu *partenaire* na relação sexual, e inclusive acolher com justeza as da criança que é procriada nelas. (3, 665) [3, 692]

O primeiro ponto não sofre mudanças; o segundo é o que vai ser elaborado por Lacan até o momento em que escreve esse texto, no qual surgem elementos que vão além dessa formulação, pois o ponto implicitamente questionado é a instalação no sujeito de uma posição inconsciente, sem a qual não poderia identificar-se com o tipo ideal de seu sexo. Essa formulação já é uma mudança em relação à formulação do *Seminário III*, por exemplo, na qual estabelece a palavra em sua vertente de palavra de reconhecimento em relação ao sexo, mediante exemplos tais como "tu és minha mulher" ou "tu és meu discípulo".

Mas a frase diz: "[trata-se da] instalação, no sujeito, de uma posição inconsciente". Em primeiro lugar, essa frase implica que, para Lacan, trata-se da instalação, da instauração de uma posição subjetiva. O falo, portanto, permite a instalação do sujeito numa determinada posição como sujeito do inconsciente, ou seja, como $, que possibilita sua identificação, a partir dessa posição subjetiva, com "o tipo ideal de seu sexo".

Em relação a isso, vale a pena sublinhar algo que não fica claro em outras formulações de Lacan. Por essa perspectiva, o sujeito do inconsciente carece de sexo; em compensação, lhe é aberto o caminho para identificar-se com o tipo ideal de seu sexo, o que não significa que a posição inconsciente seja sexuada, mas que abre a possibilidade da identificação, porém ainda não a define.

Em suma, encontramos três pontuações: primeiro, identificar-se com o tipo ideal de seu sexo. Segundo, responder sem sérias perturbações "às necessidades de seu *partenaire* na relação sexual"; cabe indicar que o termo "necessidades" do *partenaire* será depois substituído pelo de "desejo" do *partenaire*. Pois uma coisa é supor que se pode responder num nível "biológico" às necessidades do *partenaire* e outra que se possa responder ao *partenaire* enquanto sujeito desejante. A terceira se refere à paternidade ou à maternidade, já não no sentido de se alguém pode biologicamente ser pai ou mãe, mas levando em consideração se o sujeito poderá responder à criança que é o produto dessa relação.

Diferencia, pois: 1) a identificação com o tipo ideal de seu sexo; 2) a resposta à sexualidade em termos de relação "genital", e 3) a resposta do sujeito no nível da maternidade e da paternidade. Separa, diferencia esses três pontos que não considera homogêneos – apesar de dependerem do falo – e que estão incluídos num conjunto que o falo designa; portanto, um sujeito pode funcionar num deles e não funcionar em outro. Um sujeito pode assumir de maneira adequada sua relação com o tipo ideal ou com a relação sexual, entendida no sentido "genital" ou relacionada à paternidade ou à maternidade; ou em dois deles, em todos ou em nenhum, mas o bom ou mau funcionamento dos três não está necessariamente associado. Se Lacan os separa dessa maneira é para desarticular, desde o primeiro parágrafo, desde o início mesmo do artigo, a concepção de uma maturação genital que implicaria necessariamente, no sentido da necessidade lógica, um desenvolvimento adequado, solidário dos três pontos. Um sujeito, portanto, pode assumir a paternidade ou a maternidade; pode assumir alternadamente o tipo ideal ou seu papel na relação sexual, mas os três componentes não são solidários, não implicam de maneira necessária, mas contingente, a suposta unificação da fase genital.

Essas duas funções nodais do falo contêm um questionamento radical da existência da genitalidade, da maturação genital como conceito psicanalítico. Por isso Lacan prossegue:

Existe aí uma antinomia interna à assunção de seu sexo pelo homem (*Mensch*): por que deve assumir seus atributos somente através de uma ameaça, inclusive sob o aspecto de uma privação? (4, 665) [4, 692] *

Cabe lembrar que a privação está relacionada com a posição feminina, na medida em que a mulher aparece privada do falo, mas não castrada no sentido estrito, dado que não se poderia falar de uma castração no real na mulher, à qual, nesse nível, nada lhe falta, mas de uma privação de algo inscrito na ordem do simbólico.

Menciona *O mal-estar na cultura*, assinalando que Freud "[...] chegou até a sugerir uma desordem não contingente", mas que funda o que qualificará depois, em termos mais fáceis de entender, o caráter estrutural do mal-entendido entre os sexos, o que não se deve a um acidente traumático ou a uma educação errada. Acrescenta então:

> [...] um de seus últimos artigos refere-se à irredutibilidade, em toda análise finita (*endliche*), das seqüelas que resultam do complexo de castração no inconsciente masculino, do *penisneid* no inconsciente da mulher. (4, 665) [4, 692]

Esta é uma tese que Lacan já considera discutível, dado que não lhe convence que o rochedo do final de análise seja o rochedo da castração.
Depois lemos:

> Estes [os fatos clínicos] demonstram uma relação do sujeito com o falo que se estabelece independentemente da diferença anatômica dos sexos e que, por isso, é de uma interpretação especialmente espinhosa na mulher e em relação à mulher, concretamente nos quatro tópicos seguintes: [...] (7, 666) [7, 693]

Esses quatro pontos são retomados muito cuidadosamente e respondidos ao longo do artigo.

---

* Daqui em diante, em alguns casos modificou-se ligeiramente a tradução da edição da Siglo XXI.

Fica claro, quando se recorre à teoria de Lacan, e nisso reside a importância desse artigo, que a primeira forma em que o desejo do Outro se apresenta para Lacan como diferente do desejo de reconhecimento é em relação ao desejo da mãe, tal como este opera na metáfora paterna. Um dos problemas principais é, pois, como pensar a passagem, a articulação do desejo da mãe com o desejo da mulher. Lacan não dispõe, nesse momento, da resposta, mas propõe o problema com clareza. A citação continua:

> 1º. por que a menina considera a si mesma, ainda que seja por um momento, como castrada, uma vez que esse termo quer dizer: privada do falo, [recorde-se que a privação se define como uma operação no real, cujo objeto é simbólico e cujo agente é imaginário] e pela operação de alguém que é, em primeiro lugar, sua mãe, ponto importante, e depois seu pai, mas de uma maneira tal que é preciso reconhecer ali uma transferência no sentido analítico do termo; [...] (8, 666) [8, 693]

A transferência da mãe para o pai aparece como uma transferência no sentido analítico do termo, para a qual Lacan conserva seu sentido ambíguo, pois alude à transferência tal como se apresenta na prática analítica e, também, à transferência no sentido do mecanismo freudiano de deslocamento, como mecanismo próprio do processo primário. O fundamental é que, para a menina, o agente primordial da castração é a mãe. Cabe lembrar, a esse respeito, o diálogo implícito com Freud sobre a pergunta freudiana em relação à sexualidade feminina, na qual se interroga acerca dessa dimensão de reclamação imperdoável que a relação da menina com sua mãe sempre tem e que Freud, em determinado momento, remete à oralidade.

Lacan havia explicado esse ponto nos *Seminários V* e *VI*, mas aqui, especialmente, aponta para a posição subjetiva da menina em relação à privação, cujo agente sempre será, estruturalmente, a mãe. O que é coerente com a legitimação que o Nome-do-Pai opera na castração. Através de dita legitimação, a privação deixa de ser obra do capricho do Outro e se torna um desejo submetido à lei. Isto é, enquanto sujeitos falantes todos nós estamos submetidos à castração. Esse tema se complicará mais tarde, quando o Outro tornar-se Outro sexo e deixar de ser, primordialmente, o Outro fundado no desejo da mãe como Outro primordial.

Tomemos agora o segundo e o terceiro ponto:

2º. por que, em ambos os sexos, a mãe, mais primordialmente, é considerada como provida do falo, como mãe fálica; (9, 666) [9, 693]
3º. por que, correlativamente, a significação da castração não toma de fato (clinicamente manifesto) seu alcance eficiente quanto à formação dos sintomas a não ser a partir de sua descoberta como castração da mãe; (10, 666) [10, 693]

Como pensar estes dois problemas? Em primeiro lugar, Lacan se refere à significação da castração, não à significação do falo, pois a significação da castração não é equivalente ao título do artigo, "a significação do falo".

Uma leitura cuidadosa nos mostra como está retomando o primeiro ponto do início do artigo: a função do complexo de castração inconsciente na formação de sintomas. Lacan sustenta que o complexo de castração só atua eficazmente produzindo sintomas a partir da descoberta da castração na mãe, isto é, do desejo da mãe, se o formularmos nos termos de Lacan e não nos de Freud.

Deve-se recordar que Lacan já explicou esse ponto quando estruturou a metáfora paterna: se o sintoma tem a estrutura da metáfora e o desejo a estrutura da metonímia, tal como Lacan as define em "A instância da letra...", então, necessariamente, só quando a metáfora paterna se instala aparece o sintoma, e a metáfora é possível, enquanto metáfora sintomática, a partir da castração materna.

Por isso, no nível da estrutura, o sintoma por excelência da infância, para além de todas as dimensões imaginárias que possamos conferir-lhe, é a fobia. As fobias são uma espécie de metáforas paternas fracassadas, e não um "sintoma infantil" originado por uma imaturidade suposta às crianças. Num sujeito, qualquer que seja sua idade, poder-se-ia pensar a história de seus sintomas como a história das diferentes falhas da metáfora paterna.

Voltarei depois ao 1º. e ao 2º. ponto, pois acho necessário primeiro levar em conta o 4º.:

4º. estes três problemas culminam na questão da razão, no desenvolvimento, da fase fálica. (11, 666) [11, 693]

"Razão" é outro termo a destacar, pois corresponde ao que antes chamou *ratio*, que remete à segunda função do falo que mencionou no início do texto: o falo cumpre uma função de medida, de regulação no desenvolvimento, e por causa disso introduz a fase fálica tal como Freud a descreve:

> Sabe-se que Freud especifica sob esse termo a primeira maturação genital: uma vez que, por um lado, se caracteriza pela dominação imaginária do atributo fálico e pelo gozo masturbatório, e, por outro lado, localiza esse gozo na mulher no clitóris, promovido assim à função do falo [...] (11, 666) [11, 693]

O trecho "dominância imaginária do atributo fálico" já é a introdução, por parte de Lacan, da lógica de ser e ter o falo, que se funda no ser e no ter tal como Freud os introduz em sua relação com a identificação e que, em última instância, Lacan sempre considerará como uma lógica estritamente vinculada ao imaginário. É, em primeiro lugar, uma lógica atributiva, articulada dentro do marco da lógica aristotélica. Mas, além disso, é uma lógica estreitamente solidária da ordem do imaginário. Assim, diferencia: a lógica articulada com o imaginário da significação, a de ser e ter o falo, e com o gozo masturbatório. Observem que já introduz a palavra "gozo", ainda que não vá desenvolver o problema do gozo nesse artigo.

Esse é um tema que fica pendente, sem solução, no pensamento freudiano: qual é a relação entre o gozo masturbatório e o falo como significante? Não obstante, algo se deduz do que Lacan diz aqui: a separação que existe entre o domínio imaginário do atributo fálico e o gozo masturbatório associado ao falo. Nesse texto Lacan separa o gozo masturbatório do imaginário. Durante muito tempo esta será uma articulação problemática para Lacan, porque terá que definir primeiro a relação do falo com a demanda, o desejo e a necessidade, para poder articular adequadamente a lógica fálica atributiva. Pensem que esse artigo é anterior ao *Seminário VII, A ética da psicanálise*, no qual Lacan introduz, pela primeira vez, seu próprio conceito de gozo, no qual articulará a demanda e o desejo com o gozo.

Depois alude, no texto, ao famoso exemplo de Dafnis e Cloé, que mostra como os sujeitos humanos necessitam de "educação sexual", exemplo que se relaciona com o que traçou, no início, sobre Freud e o mal-estar "intrínseco" à sexualidade, que está para-além do mal-estar na cultura, se nos limitamos a entender esse termo apenas como indicando uma má organização da sociedade.

Critica depois algumas concepções da etapa fálica, a respeito das quais considero que se devem sublinhar dois pontos:

> Assim é que certos autores se viram levados a considerar a fase fálica como efeito de um recalque, e a função que o objeto fálico adquire nela como um sintoma. A dificuldade começa quando se trata de saber *qual* sintoma: fobia, diz um, perversão, diz outro, e às vezes o mesmo. Nesse último caso parece que nada mais funciona: não é que não se apresentem transmutações interessantes do objeto de uma fobia em fetiche, mas, precisamente, se são interessantes, é pela diferença de seu lugar na estrutura. (13, 666-7) [13, 694]

Primeiro ponto, o objeto fálico como sintoma é a significação fálica, tal como pode ser produzida pela metáfora paterna e, enquanto sintoma, pode assumir a forma da fobia ou do fetiche, suas duas formas mais clássicas, que tendem a se confundir e que foram objeto de múltiplas polêmicas no campo da psicanálise. O importante é considerar que Lacan não fala nem de significação nem de significante, mas de objeto. O objeto fálico surge quase sempre, ainda que não unicamente, como uma das formas de significação do falo produzida pela metáfora. Nesse sentido, Lacan é rígido em relação ao que ele mesmo definiu como mais (+) ou menos (-) de significação nas fórmulas da metáfora e da metonímia em "A instância da letra..."[2]. A metáfora produz um acréscimo de significação e a metonímia produz uma diminuição de significação. Portanto, há uma significação metonímica e outra metafórica do falo. Nenhuma delas é o $(-\varphi)$ ao qual se referirá em "A angústia", por exemplo, ou em "Subversão do sujeito...". O falo, seja como objeto metafórico ou como objeto metonímico, não é o $(-\varphi)$ operativo como tal na castração, que carece de representação no espelho.

Em termos precisos, não se pode dizer que o $(-\varphi)$ da significação fálica implique uma única significação homogênea. Temos o $(-\varphi)$ produto

---

[2] Lacan, Jacques. "La instancia de la letra en el inconsciente o la razón después de Freud", em *Escritos*, Tomo I, Siglo XXI, Buenos Aires, p. 495.

da metáfora paterna; o (-φ) produzido pela metáfora sintomática – que evidentemente se articula com o anterior – e que pode assumir a forma do (-φ) que é significação na fobia ou o (+φ) que é a significação própria do fetiche; o (-φ) que Freud chamava, em seu artigo sobre as vicissitudes das pulsões, o ponto de referência fálico dos objetos imaginários. Esse (-φ) é o falo como objeto que Melanie Klein encontra em sua investigação do imaginário infantil. Esse último não é o (-φ) ausente no espelho do esquema ótico formalizado, desenvolvido no Seminário X, "A angústia", que não está representado no espelho. O (-φ) que Melanie Klein descobre é eminentemente especular.

Há, portanto, um falo especular e, tal como se assinalou anteriormente, esse falo especular pode ter o desempenho de uma significação, mas, quando isso acontece, quando se torna representável no espelho, deixa de ser o (-φ) da castração como operação simbólica, o (-φ) não representável, o (-φ) reserva libidinal, como o chama Lacan em "A angústia". Esse esclarecimento é necessário a fim de precisar por que não é casual a referência de Lacan ao objeto, pois marca a pertinência de algo que toma de Melanie Klein e de outros pós-freudianos no tocante à função de objeto do falo.

Daqui em diante, não falará do falo nestes termos. Lacan está delimitando suas diferenças com outras conceitualizações psicanalíticas. Mais adiante no texto assinalará o que implica seguir Freud:

> [...] foi como nos vimos levados a certos resultados: em primeiro lugar, a promover como necessária a qualquer articulação do fenômeno analítico a noção de significante, em oposição à de significado [...] a descoberta de Freud adquire sua importância precisamente por ter tido que antecipar suas fórmulas [...] é a descoberta de Freud que confere à oposição entre significante e significado o alcance efetivo em que convém entendê-la: *a saber, que o significante tem função ativa na determinação dos efeitos em que o significável aparece como sofrendo sua marca, convertendo-se, por meio dessa paixão, no significado.* (20, 668) [21, 695] [Os itálicos são meus]

Qual é a novidade do final da citação que sublinhei? A função ativa do significante na determinação dos efeitos de significado não é uma novidade no ensino de Lacan. A novidade é a introdução do termo "o significável", termo que Lacan conserva até seus últimos seminários.

O que é o significável? É aquilo que aparece como sofrendo a marca do significante. Deve-se prestar atenção, portanto, às variações do termo "significação". O significável, então, é o material sobre o qual opera o significante. O que quer dizer isso?

Essa definição, como acontece muito freqüentemente em Lacan, é tautológica. Pois bem, o significante faz do significável significado e, por sua vez, o significado é aquilo em que se converte o significável por ação do significante. Portanto, repete-se a mesma estrutura circular do raciocínio de Lacan. Vale a pena recordar, de passagem, que no início do *Ser e o tempo* Heidegger faz, explicitamente, uma apaixonada defesa do raciocínio circular.*

Não vamos encher, de imediato, o significável com significados. O significável é, em princípio, tudo aquilo que, por sofrer a ação do significante, que o marca, torna-se, por isso, significado. De imediato, não tem nenhum significado além do da possibilidade de ser um significado, aquilo que pode se tornar significado por ação do significante. Em suma, é isso que distingue o significável.

Porém por que se fala de sofrer, por que se diz que o significável aparece sofrendo a marca do significante? Porque, num sentido formal, o significante é ativo, enquanto o significável é passivo. O termo "paixão" indica que algo ou alguém é sujeito passivo de outra coisa. A própria conotação de passional comporta que alguém é arrastado, é passivo em relação a uma paixão. O mesmo sentido surge em relação à paixão de Cristo. Portanto, por esse ângulo, o significável tem como característica primordial a passividade. Lacan já o dizia em seu artigo "Uma questão preliminar a todo tratamento possível da psicose", pouco antes de introduzir a metáfora paterna, ao assinalar que o sujeito joga como o morto do *bridge*, expressão que não retomará por razões particulares que concernem à modificação do conceito de morte, por um lado, e, por outro, à maior complexidade com que tratará a teoria matemática dos jogos. A mesma idéia, porém, está implícita nesse jogar o papel do morto no *bridge*: o sujeito é jogado, é passivo,

---

* Por exemplo, é o que acontece com a famosa definição do que é um significante: o que representa um sujeito para outro significante, o que, do ângulo lógico, é um círculo vicioso, uma tautologia.

não é ele o agente. O significável, portanto, é tudo aquilo sobre o que o significante pode atuar como agente produzindo um significado.

Continuemos lendo:

> Essa paixão do significante [paixão que o significante opera no significável para fazê-lo tornar-se significado] converte-se, então, numa nova dimensão da condição humana, na medida em que não é só o homem que fala, mas que, no homem e pelo homem, "isso" fala, e sua natureza resulta tecida por efeitos nos quais se encontra a estrutura da linguagem da qual ele [o homem] se converte na matéria [...] (21, 668) [22, 695]

Reaparece no que se segue uma referência – que está do mesmo modo no *Seminário X*, "A angústia", relacionada com Lévi-Strauss –, que diferencia essa determinação pelo significante, tal como Lacan a propõe, de qualquer culturalismo:

> [...] essa promoção da relação do homem com o significante como tal não tem nada a ver com uma posição "culturalista" no sentido ordinário do termo, aquela na qual K. Horney, por exemplo, antecipou-se na querela sobre o falo por sua posição, qualificada por Freud de feminista. [...] Trata-se de tornar a encontrar, nas leis que regem esse outro cenário [...] que Freud, a propósito dos sonhos, designa como sendo o do inconsciente, [...] (23-4, 668-9) [24-5, 696]

Reaparecem os termos "cena", "cenário", para separar-se de Horney, assim como no *Seminário X* reapareciam para separar-se de Lévi-Strauss.

O mundo do significante, em sua articulação com o inconsciente, de modo algum pode se confundir com a ordem simbólica em geral, tal como pode ser estudada, com todo o direito, pela antropologia, pela sociologia e a lingüística. A partir dessa precisão, Lacan começa a introduzir, no parágrafo seguinte, o Outro com maiúscula, para depois passar a se referir ao falo: "O falo aqui se esclarece por sua função". Lembrem-se das duas funções do falo que definiu, inicialmente, em relação ao complexo de castração. Continua:

> Na doutrina freudiana, o falo não é uma fantasia, caso se deva entender por isso um efeito imaginário. Não é, tampouco, enquanto tal, um objeto (par-

cial, interno, bom, mau, etc...), na medida em que esse termo tende a prezar a realidade envolvida numa relação. É menos ainda o órgão, pênis ou clitóris, que simboliza. E não é sem razão que Freud pegou sua referência do simulacro que era para os antigos. (26, 669) [27, 696-7]

Em seguida, afasta-se de Freud e estabelece sua própria formulação:

[...] o falo é um significante, um significante cuja função, na economia intra-subjetiva da análise, levanta, talvez, o véu daquela que mantinha nos mistérios. (27, 669) [28, 697]

Depois, passa para a sua definição do falo, que não se modifica, e lhe acrescenta uma nova dimensão:

Pois é o *significante destinado a designar, em seu conjunto, os efeitos de significado*, na medida em que o significante os condiciona por sua presença de significante (27, 669-70) [28, 697] [Os itálicos são meus]

Essa definição é problemática; a fórmula "é o significante destinado a designar, em seu conjunto, os efeitos de significado" não contém nenhuma palavra fortuita, casual. Deve-se examiná-la com cuidado e, para fazê-lo, partiremos da expressão "o significante destinado".

Na linguagem corrente, quando se diz que alguém está destinado a algo, diz-se de maneira muito clara e limpa que uma especificidade o destina a algo. Esse significante é escolhido, na bateria de significantes, para levar a cabo esse destino; portanto, esse destino o separa da globalidade, do conjunto – no sentido da teoria dos conjuntos – da bateria significante. É um significante que está na bateria e que é destinado a uma função particular. Em si mesmo, intrinsecamente, como significante, só pode ser definido através da sua definição de significante, isto é, pela pura diferença que tem com outros significantes – em termos lingüísticos – ou por ser – nos termos de Lacan – o que representa um sujeito para outro significante. Nesse momento, Lacan tem o cuidado de não usar nessa frase a palavra "representa". Se dissesse que o significante representa o conjunto, e se um significante representa para outro significante o sujeito, esse significante representaria o sujeito para o resto dos significantes da bateria. Isso é possível, mas não é o que Lacan está interessado em marcar, pelo ângulo lógico, neste texto. Indica, simplesmente, o isolamento de um significante da bateria significante. Ele é selecionado, retirado dela, para que designe "em seu conjunto os efeitos de significado". Pode surgir a pergunta de por que Lacan usa a palavra designar e não outra. Poderia ter utilizado nomear ou resumir, por exemplo; escreve, porém, designar, cuja característica é a de não ser um termo unívoco. Designar pode querer dizer nomear algo ou alguém com um nome; pode querer dizer designar alguém como um burro, por exemplo, e também implica a possibilidade de nominar, de designar alguém para um cargo; deste modo, tem o valor de um indicativo, quando se assinala um objeto qualquer. Assim, pode ser o significante destinado a nominar, a nomear, a indicar ou assinalar. Lacan está jogando com um termo que implica essas três ações: nominar, nomear e indicar ou assinalar. O que é que, ao mesmo tempo que nomeia, nomina, indica ou assinala? Realiza todas essas ações em relação a um conjunto; observe-se que diz "destinado a designar, em seu conjunto, os efeitos de significado".

Lacan parte da existência de dois conjuntos: o conjunto da bateria significante e o conjunto do significado – isto é, o conjunto dos efeitos do significante sobre o significável. Do primeiro conjunto, o da bateria significante, se extrai um significante integrante da própria bateria, significante que passa a ser o significante que designa o "conjunto do significado". O significante, assim extraído da bateria significante, é nominado para nomear o conjunto do significado, para indicar o conjunto que reúne tudo o que fica incluído no significado. Isto é, não é nada casual que seja o significante que designa o conjunto, no sentido lógico do termo na teoria dos conjuntos, dos significados.

O significante fálico designa, nomeia o conjunto dos significados. Este destino do significante fálico é absolutamente arbitrário; poder-se-ia escolher outro significante qualquer da bateria para levar a cabo essa função. Lacan considerará, posteriormente, que o conceito pertinente não é o de arbitrariedade, que é o utilizado por Saussure para definir a relação do significante com o significado, mas o conceito lógico modal de "contingência".

Já em seu artigo "Sobre uma questão preliminar...", Lacan tinha observado como, no caso da paranóia, o conjunto dos significados podia ser designado pelo significante do Ideal e não pelo significante fálico. Desenvolverá, muito depois, outras formas de fechar o conjunto dos significados que não contêm o falo.

Opera, então, com dois conjuntos: o conjunto dos significantes, ou seja, a bateria significante, e o conjunto dos significados. Retira um significante da bateria significante e o destina à função de ser o nome, o indicador do conjunto dos significados.

É importante levar em conta, ainda que este seja um tema difícil e delicado que simplesmente menciono, que o conjunto dos significados não é idêntico ao conjunto da significação. Muitas das discussões acerca de como interpretar certas temáticas lacanianas surgem pelo fato de não levar em consideração diferenças sutis entre alguns termos, como "significado", "significação" e "significável".

Tomemos agora a parte da citação anterior que falta examinar:

> [...] na medida em que o significante os condiciona [aos efeitos de significado] por sua presença de significante. (27, 670) [28, 697]

O termo "condiciona" remete ao conceito lógico de "condição" e deve ser lido pela perspectiva da lógica que contém, lógica tramada em filigrana em sua própria estrutura. O significante é aqui condição lógica, condição que opera por sua própria "presença" como significante. O significante não é, pois, uma representação, assim como tampouco é representável; opera, condiciona por sua presença como pura diferença – seguindo sua definição lingüística tal como podem encontrá-la claramente formulada em "Instância da letra...". Portanto, Lacan utiliza "presença" ali onde, justamente, não quer usar o termo "representação".

Opera, condiciona, então, enquanto pura diferença. Aqui a diferença intervém como metonímia da diferença sexual. O que se segue no texto tenta articular a diferença sexual, inseparável na teoria psicanalítica do desejo, com a linguagem. Ponto que até esse momento não tinha sido formulado tão claramente por Lacan.

A diferença significante substitui assim a diferença sexual, a especificidade perdida do biológico, perda que é conseqüência da captura do corpo do ser falante pelo significante. A presença da diferença que remete à presença da diferença sexual afeta um corpo que já não é o corpo biológico puro do instinto, mas um corpo atravessado pelo significante. Examinemos, pois, "os efeitos" que Lacan atribui "a dita presença".

O significante é uma condição que opera pela presença nos efeitos de significado. O operativo, insisto, é a presença do significante; há que se passar depois ao exame dos efeitos dessa presença, isto é, ao que essa presença condiciona, suas conseqüências.

O texto prossegue:

> São [seus efeitos], em primeiro lugar, os de um desvio das necessidades do homem pelo fato de falar, no sentido de que, na medida em que suas necessidades estão sujeitas à demanda, lhe retornam *alienadas*. Isso não é o efeito de sua dependência real [...], mas da configuração significante como tal e do fato de que sua mensagem seja emitida do lugar do Outro. (28, 670) [29, 697]

Portanto, o primeiro efeito é um desvio das necessidades, na medida em que a captura do sujeito humano pelo significante introduz um corte em relação as suas necessidades. Porém, não introduz apenas essa hiância, esse corte, mas as necessidades do sujeito tornam-se escravas [jogo com o francês *assujettis*], sujeitas, sujeitadas, dominadas pela demanda. Por esta razão, suas necessidades, na medida em que lhe retornam do Outro sob a forma da demanda, encontram-se alienadas, alheias, perdidas para o ser falante.

O uso do termo "alienação", termo sem dúvida hegeliano, marca o distanciamento de Lacan em relação à Hegel, na medida em que é uma alienação irredutível, pois não há síntese possível no que diz respeito a ela, isto é, unificação do sujeito consigo mesmo, com essa parte de si que ficou alienada na demanda do Outro.

Depois, Lacan diferencia a "dependência real", como ele a chama, que se articula com a prematuração freudiana do conceito de "dependência neurótica", tal como este foi desenvolvido pelos pós-freudianos e, especialmente, em termos de maturação genital, pelo qual um sujeito "maduro" é equiparado a um sujeito "independente". Essa dependência real, fundada, insisto, na prematuração freudiana, torna possível a instalação desse peculiar "parasita" que é a linguagem, que se instala com a formulação da demanda no lugar do Outro. O pedido, formulado em termos de sua necessidade, retorna para o sujeito do lugar do Outro, isto é, sua mensagem lhe. retorna invertida do lugar do Outro. Sua necessidade, portanto, é configurada pela estrutura da demanda do Outro. A mensagem do Outro, articulada e articulável, assume sempre a forma da demanda do Outro. O sujeito torna-se assim escravo, servo da demanda do Outro, Outro simbólico desde já. Não importa que esse Outro tenha com ele uma relação de filiação biológica ou não; o fundamental é que se trata de um Outro humano, capaz de responder ao chamado, capaz de responder às suas necessidades. Deparamo-nos, então, com a fórmula própria da mensagem em Lacan: o sujeito recebe do Outro sua própria mensagem invertida.

No parágrafo seguinte podemos ler como Lacan qualifica esta alienação:

> O que se encontra assim *alienado* nas necessidades constitui uma *Urverdrängung* [recalque primário], por não poder, hipoteticamente, articular-se na demanda, mas aparecendo num rebento, que é o que se apresenta no homem como o desejo (*das Begehren*). (29, 670) [30, 697]

Observe-se que Lacan coloca entre parênteses o termo alemão que Hegel usa para o desejo e não o clássico *Wunsch*, que Freud utiliza. Dessa maneira não só redefine a alienação hegeliana, mas modifica também a terminologia de Freud, fazendo intervir o termo alemão de desejo, de Hegel, para designar o ponto de hiância que se estabelece entre desejo e necessidade, em função do Outro do significante. Reformula assim, de um modo que lhe é próprio, o que corresponde à teoria analítica do nascimento da pulsão a partir da necessidade na obra freudiana.

O que é que não se pode articular na demanda? O que não se pode articular na demanda é a necessidade biológica, animal, instintiva. Porém a demanda é duplamente insatisfatória, dado que sempre deixa um resto sem suprir: do lado do biológico não sacia a necessidade e do lado do significante nunca satisfaz esse resto que retorna da necessidade perdida, o desejo.

O lugar onde se produz uma perda, a da necessidade, é aquele onde retorna esse rebento – termo que Freud usa em relação ao retorno do recalcado – que para Lacan é o desejo. Portanto, o desejo é o retorno, modificado pela linguagem, da necessidade alienada na demanda; o desejo é o retorno de um rebento que ainda é totalmente distinto da necessidade.

Nesse ponto, Lacan está muito próximo de certas descrições freudianas, do "Projeto de uma psicologia para neurologistas", por exemplo, e da grande virada que se produz quando passa do desejo como resto entre necessidade e demanda para o desejo como desejo do Outro.

O texto continua:

> A demanda em si refere-se a coisa diferente das satisfações que reivindica. É demanda de uma presença ou de uma ausência. Coisa que a relação primordial com a mãe manifesta, por estar prenhe desse Outro que há de ser situado *aquém* das necessidades que pode suprir. Já o constitui como tendo o "privilégio" de satisfazer às necessidades, isto é, o poder de privá-las da única coisa com que se satisfazem. Esse privilégio do Outro desenha, assim, a forma radical do dom daquilo que não tem, ou seja, o que se chama seu amor. (31, 670) [32, 697-8]

Numa leitura superficial, o que outorga ao Outro da demanda seu privilégio neste parágrafo é o "satisfazer as necessidades", expressão que imediatamente é equiparada, no que se segue, a outra: "o poder de privá-las da única coisa com que se satisfazem". Sublinho nessa equiparação a aparição da operação de privação, que contém, como já se disse, de acordo com as três formas da falta que Lacan postula: uma operação no real, um furo ou falta no real, um objeto simbólico e um agente imaginário. Nesse momento o agente da privação, encarada em termos da privação da necessidade, é a mãe enquanto Outro primordial. No lugar do objeto, classicamente, aparece o falo simbólico que ali ainda não é denominado significante fálico.

Pode-se, pois, pensar essa privação que opera sobre a necessidade do seguinte modo:
1. A demanda, em sua operação sobre a necessidade, opera primeiro como uma privação, na medida em que esta introduz uma falta no real da necessidade biológica – onde, pela perspectiva da biologia, no real nada falta.
2. Onde, segundo a biologia, deveria situar-se o objeto da necessidade, objeto eminentemente não problemático, introduz-se, pela operação da linguagem no marco da prematuridade, um objeto simbólico, dependente da demanda constituída por esta: a presença ou a ausência do Outro. Esse objeto está muito longe do objeto concreto que satisfaz a necessidade biológica.

Desse modo, graças a esse privilégio que detém, o Outro se torna um Outro onipotente, um Outro que priva o sujeito segundo o seu capricho. Assim se perde para sempre a possibilidade de satisfação da necessidade. Esse privilégio do Outro, nos diz Lacan, "desenha assim a forma radical do dom daquilo que não tem, ou seja, [...] seu amor". O dom, enquanto tal, é introduzido no *Seminário IV*, "A relação de objeto", apresentando-se como o paradigma do objeto simbólico, sempre equiparado ao dom de amor, que já é definido como dar o que não se tem. Porque o Outro primordial também carece do objeto perdido, complementar da necessidade, para ele também esse objeto está perdido e só pode oferecer sucedâneos ao sujeito, substitutos de dito objeto.

Por isso, a demanda de amor operada pela privação culmina, necessariamente, na frustração, na medida em que é impossível responder a ela no nível do objeto estruturalmente perdido. Ela tampouco pode dar o objeto do desejo, esse rebento no qual a necessidade retorna com força de necessidade lógica. O amor deixa sempre uma margem de insatisfação.

Lacan assinala, sem ambigüidades, que tudo que é da ordem do dom está incluído no circuito do intercâmbio, tal com o propõe Mauss – que o analisa no nível do *potlatch* – e como o retomará Lévi-Strauss. Nesses exemplos que a antropologia oferece, o importante não é a satisfação da necessidade, mas o que podemos denominar de momentos de consumo ritualizados, que assumem a forma de uma festa. Podemos deixar aberta a pergunta acerca do que ocorre com esses rituais, perdidos em nossa sociedade atual, que oferece, em seu lugar, o ritual do consumo massivo, a banalização da festa, que perde sua inserção numa tradição, qualquer que seja ela. Nesse sentido, deve-se lembrar, como uma questão importante em toda análise, em que consiste, hoje, a manutenção, em seu justo lugar, da ordem da demanda em sua articulação de estrutura com o dom[3].

Continuemos com o exame da demanda que encontramos no texto:

É assim que a demanda anula (*aufhebt*) a particularidade de tudo o que pode ser concedido, transmutando-o em prova de amor, e inclusive as sa-

---

[3] Desenvolvi esse tema detalhadamente no meu livro *El concepto de objeto en la teoría psicoanalítica*, I, Buenos Aires, Manantial, 1988, especialmente no capítulo "Las tres formas de la falta de objeto", pp. 117-135.

tisfações que obtém para a necessidade *degradam-se* [Lacan usa entre parênteses o termo alemão que Freud empregará para a degradação da vida amorosa] em nada menos do que o esmagamento da demanda de amor [...].

Há, pois, uma necessidade [(*nécessité*) – em castelhano*, não fica claro na tradução que o termo que Lacan usa em francês é *nécessité*, necessidade lógica e não *besoin*, que é o termo francês para a necessidade biológica –, já está usando o termo "necessidade" especificamente com o sentido de necessidade lógica] de que a particularidade assim abolida reapareça *para-além* da demanda. Reaparece ali efetivamente, mas conservando a estrutura que encobre o incondicionado da demanda de amor. Mediante um reviramento que não é *pura* negação da negação, *a potência* [o poder] da pura perda surge do resíduo de uma obliteração. Ao incondicionado da demanda o desejo substitui a condição "absoluta": essa condição esclarece, com efeito, o que a prova de amor tem de rebelde à satisfação de uma necessidade. Assim, o desejo não é nem o apetite da satisfação, nem a demanda de amor, mas a diferença que resulta da subtração do primeiro à segunda, o próprio fenômeno de sua cisão (*Spaltung*). (32-3, 670-1) [33-34, 698]

Até aqui, Lacan fala da demanda de amor por um lado e do desejo pelo outro. Não qualifica esse desejo de nenhum modo em particular, salvo como retorno da particularidade perdida. Começa primeiro com uma necessidade lógica e depois introduz outra categoria lógica, que é a categoria do particular. O particular é a categoria da lógica clássica que se opõe ao universal. A particularidade que como tal é abolida – no sentido forte que Lacan pode dar ao termo "abolição", com seus ecos hegelianos e freudianos –, isto é, que é apagada como tal, que deixa de existir. Essa particularidade abolida reaparece nesse para-além da demanda que é o desejo.

Cabe esclarecer que não é a necessidade biológica que reaparece para-além. O que reaparece para-além é o particular que caracteriza a necessidade no nível do instinto. No nível do instinto o objeto é fixo, está particularizado, não pode ser trocado. Quando Lacan se refere a uma particularidade que retorna, trata-se de uma nova forma de particularidade que vem suprir a particularidade, a especificidade do objeto que, por exemplo, satisfaz a

---

* Assim como em português. (NT)

necessidade no instinto; particularidade que, obviamente, já não é da ordem da biologia. Lacan enfatizará nessa particularidade como ela conserva a estrutura que está oculta, escondida no incondicionado da demanda de amor.

É adequado assinalar que o termo "condição" já tinha aparecido relacionado ao inconsciente quando Lacan qualificou-o como condição dos efeitos do significado. Torna a aparecer, pois, o termo "condição", usado também no sentido lógico, dado que Lacan se refere ao incondicionado. Há uma forma muito simples de entender a incondicionalidade; refiro-me ao sentido figurado que a palavra tem em castelhano, sentido que todos entendem quando alguém se diz amigo incondicional de algum outro. Mas Lacan vai além desse uso, está se referindo ao incondicionado da demanda de amor como aquilo que não tem sua condição, no sentido lógico, em nenhuma outra coisa. O incondicionado da demanda de amor funda-se em que a demanda é a forma por excelência da articulação do significante, é a articulação do significante numa cadeia e, nesse sentido, não há nada como tal na demanda de amor que seja diferente da presença articulada do significante. Não há nada para-além dessa presença articulada; definitivamente, não há nada que o funde, que o condicione, é o significante lato, o significante articulado.

Mas precisa:

> Mediante um reviramento que não é *pura* negação da negação, *a potência* [o poder] da pura perda surge do resíduo de uma obliteração. (33, 671) [34, 698]

Lacan joga com o reviramento que consiste em que o que é a perda da particularidade, a abolição da particularidade, essa abolição enquanto tal, se inverte, faz um reviramento através do qual retorna como condição absoluta.

Que diferença há entre o incondicionado e a condição absoluta? Essa não é uma metáfora; Lacan está falando em termos lógicos. Em termos de lógica formal, o incondicional e a condição absoluta significam a mesma coisa; não há diferença. O incondicionado é o que não tem condições e, portanto, é a mesma coisa que a condição absoluta, que é aquela condição da qual depende qualquer outra condição, que não tem condicionamento algum, que é absoluta enquanto condição. O importante é a pergunta sobre o que varia na passagem do incondicional à condição absoluta.

Essa passagem não é uma simples negação da negação. Lembrem-se de que, em geral, a dupla negação dá um resultado igual ao original, implica um retorno ao ponto de partida. Então, a passagem do incondicionado à condição absoluta não implica uma volta a um estado inicial. Tampouco é uma negação que supere outra negação mediante uma síntese no sentido hegeliano. A passagem entre os dois termos não permite nem voltar a zero, voltar atrás, até o momento original, nem uma síntese que supera.

Mantém-se, no sentido mais óbvio, um sujeito dividido, não um sujeito sintetizável, um sujeito que nunca será uno consigo mesmo. Um sentido mais sutil aponta para a diferença que existe, à margem inclusive da tradição filosófica, entre o incondicionado e a condição absoluta que permite a Lacan jogar com o incondicionado – o que não tem condições, no sentido literal, como sempre que está presente a partícula de privação "in" em nossa língua – e a condição absoluta – que, por outro lado, não é uma negação, mas totalmente ao contrário, é da ordem de uma asserção forte, "apofântica", que remete à lógica assertiva peculiar que caracteriza a formulação de Freud sobre o caráter afirmativo do desejo. Por isso se refere à condição absoluta, que remete ao desejo como uma afirmação que se realiza. Nesse sentido, Lacan está relendo a expressão condição absoluta, da qual falou muitas vezes, de formas distintas, razão pela qual a põe entre aspas.

Examinemos agora a segunda parte dessa frase: "[o poder] a potência da pura perda surge como resíduo de uma obliteração". O obliterado, obviamente, é o biológico, a necessidade corporal em seu significado mais comum. A perda deixa um resíduo que está articulado com o corpo biológico, que implica certa transmutação do próprio corpo, uma mudança do corpo. Como Lacan a explica, a obliteração do instinto, da animalidade, permite que apareça a importância do resto, do resíduo que resulta dessa perda; resto que é aqui qualificado como resíduo. Poderia-se dizer que a pura perda é uma forma da negatividade hegeliana, dessa falta que o simbólico introduz; não obstante, o perdido deixa atrás de si uma marca, um resíduo. Esse resíduo da obliteração é o que funda o poder, a potência da pura perda. A palavra "potência", "poder", *puissance* em francês, é uma palavra de múltiplas significações, por isso conserva-se sua dupla tradução em castelhano. Seu sentido em psicanálise remeterá a uma dimensão que intervém entre duas extremidades: a impotência e a onipotência. Na realização do desejo, articulada com essa potência da pura perda, não se trata nem de impotência nem de onipotência.

Por outro lado, a potência tem uma conotação matemática, como, por exemplo, quando elevamos um número a certa potência. O termo tem certa significação de força – que também está presente em castelhano –, de poder, é inclusive o próprio poder da pura perda. Mas, além disso, tem uma conotação que facilmente passa inadvertida, a do potencial, a do que é possível. O potencial remete à oposição aristotélica entre o potencial e o atual, que Aristóteles utilizará, por exemplo, na relação com o infinito, diferenciando o infinito potencial e o atual. Surge aqui toda a problemática do que é em ato e do que é um ato em potência. De tal modo que a utilização da palavra "potência" para caracterizar o desejo não é uma escolha ao acaso.

A obliteração da ordem da necessidade biológica não é completa, deixa um resíduo. Essa obliteração não quer dizer que nos transformamos em puro espírito por ação do significante. Pelo contrário, fica um resíduo inelimínavel no tocante a seu caráter corporal, mas esse resíduo do corpo estará dotado de um poder que a perda lhe abre. Porque a perda abre vários poderes. Um deles é o poder do possível, porque, na medida em que o sujeito falante não tem um objeto fixo, lhe é aberta a possibilidade de muitos objetos diferentes, entra na cadeia das substituições do significante, com todo o poder que essa cadeia implica. Mas, também, se a demanda deixa algo que não consegue se expressar nela, que lhe escapa, esse algo não volta sob a forma do Outro incondicional, mas sob a forma dessa condição absoluta que é o desejo. Lacan acrescenta logo depois: "essa condição esclarece o que a prova de amor tem de rebelde à satisfação de uma necessidade". Aqui aparece um termo chave: a palavra "prova".

A prova de amor, prova de presença-ausência, prova do dom de dar o que não se tem, implica que o Outro seja sempre acessível em função de sua incondicionalidade, que se funda no caráter incondicionado da demanda. Não obstante, esse Outro não esgota as provas, porque, se no nível das teorias da aprendizagem fala-se de ensaio e erro, em psicanálise, para Lacan, isso deve ser pensado em termos totalmente diferentes; esses termos são: a prova de amor e a prova do desejo do Outro, passar pela prova do incondicionado e da condição absoluta.

Acrescenta: "o desejo não é nem o apetite da satisfação, nem a demanda de amor, mas a diferença que resulta da subtração do primeiro à segunda, o próprio fenômeno de sua cisão". O desejo enquanto tal, na medida em que tem a ver com essa condição absoluta, não é passível de ser situado como tal nem no incondicionado da cadeia, nem no condicionado perdido da biologia. Aqui aparece o ponto de onde se vê qual é a dificuldade que Lacan enfrenta. O incondicionado da demanda, como a fixidez da necessidade, marca algo de que o sujeito é dependente, quer se trate da biologia, quer se trate do Outro como Outro sem barra. Mas o desejo, como condição absoluta, estabelece algo que o levará a abandonar a tríade necessidade, demanda, desejo. Porque o incondicionado determina a condição absoluta e a condição absoluta logo se torna determinante do incondicionado. A demanda gera o desejo e o desejo passa a dominar, infiltrando a demanda. O problema, então, é que estamos diante de duas formas de absoluto: o incondicionado da demanda e a condição absoluta do desejo. O incondicionado produz, pois, uma condição absoluta. O incondicionado, o que não tem condições, produz, porém, algo tão coercitivo e tão fundante como o não condicionado: o incondicionado próprio dessa condição absoluta que é o desejo. Esse é o paradoxo que Lacan tem que explicar: como a demanda produz algo que lhe escapa, que não consegue acalmar com a demanda de amor.

É isso que o preocupa, porque sabemos que, durante muito tempo em sua obra, a demanda de amor foi absolutamente solidária do desejo do Outro como desejo de reconhecimento. Não obstante, o desejo como desejo de reconhecimento não é uma condição absoluta; na medida em que é um desejo de reconhecimento, é uma condição subordinada ao Outro, a esse Outro incondicionado da demanda, e esse Outro não aparece de modo algum como tendo um limite. Provisoriamente, Lacan definiu somente a demanda, o desejo e a necessidade; deve-se destacar que ainda não se refere à sexualidade.

Vai introduzi-la em seguida:

> Pode-se conceber como a relação sexual ocupa esse campo fechado do desejo e nele vai jogar sua sorte. (34, 671) [35, 698]

32

Fica claro que nesse momento de sua obra Lacan fala do desejo e da sexualidade como diferentes. A solução será possível quando puder articular gozo, desejo e demanda, isto é, quando puder articular a dimensão da pulsão. Partindo da necessidade, não pode solucionar o que faz obstáculo à relação entre a sexualidade e o desejo articulado pelo significante. Tampouco pode explicar a sexualidade a partir da necessidade em sua relação com a demanda, nem a partir do desejo de reconhecimento, nem do significante por si só.

Continuo a citação:

> É por ser o campo feito para que se produza nele [no campo do desejo] o enigma que essa relação [a sexual] provoca no sujeito, ao "significá-la" duplamente: retorno da demanda, que suscita, em (forma de) demanda sobre o sujeito da necessidade; ambigüidade presentificada sobre o Outro que está em discussão na prova de amor [exigida] demandada. A hiância desse enigma manifesta o que o determina na fórmula mais simples para torná-lo patente, a saber: que para cada um dos *partenaires* da relação, tanto o sujeito como o Outro, não pode bastar serem sujeitos da necessidade ou objetos do amor, devem ocupar o lugar de causa do desejo. (34, 671) [35, 698]

Aparece aqui o conceito de causa do desejo, muito anterior ao conceito de objeto *a* como causa. Tampouco a causa é, como dirá em "Subversão do sujeito...", o falo. O que fica claro é que não se pode pensar a articulação entre sexualidade e desejo com o modelo do objeto fim, do objeto meta do desejo, mas como objeto causa de... Na sexualidade, o que intervém em sua articulação com o desejo é aquilo que é capaz de causar o desejo. Lacan não consegue definir, num primeiro tempo, o que é a causa do desejo. De qualquer modo, a única coisa que convém à definição que ele deu da condição absoluta do desejo é o conceito de causa do desejo. Isto é, que a causa do desejo é outro nome do desejo como condição absoluta. A lógica com a qual Lacan trabalha o leva a formular a condição absoluta como a causa.

Lacan formulou antes, em "A causalidade psíquica", que é um artigo dos anos 40, que a causa era a *imago*. A formulação que vemos nesse texto implica negar a *imago* como causa imaginária. Porque não é à *imago* como causa que está se referindo aqui no nível do desejo do Outro; a *imago* é causa do desejo no nível do desejo do outro com minúscula, no nível do transitivismo, da especularidade, mas não é essa a causa do desejo do Outro com maiúscula, nem a causa que está em jogo na relação sexual.

Este é o ponto em que o artigo sofre uma virada. Lacan não formula claramente o que é essa causa; simplesmente alude ao fato de que cada sujeito deve assumir, para o *partenaire* sexual, o lugar de causa do desejo, e esse lugar está no núcleo, no coração da vida sexual e de todos os desvios que se produziram no campo da psicanálise no tocante à sexualidade, pois a relação sexual está virtualmente camuflada pela noção do "genital".

Anteriormente, apareceu no texto uma primeira definição do falo. Lacan introduz, nesse ponto, uma nova definição do falo que não é exatamente igual à que deu antes. Cabe, pois, comparar as duas definições. Recordem a primeira: "o falo é o significante destinado a designar em seu conjunto os efeitos de significado". É, pois, o significante privilegiado, destinado a designar essa marca, essa paixão que o significante impõe ao significável.

Na página seguinte, encontramos esta definição do falo:

O falo é o significante privilegiado dessa marca na qual a parte do *logos* se une ao advento do desejo. (37, 672) [38, 699]

O termo "logos" deve ser entendido com as três significações que tinha em grego: como linguagem, como discurso e como razão matemática, proporção.

Se relacionarmos essas duas definições, podemos concluir o seguinte: como significante que designa o conjunto dos efeitos de significado, o falo tem o privilégio de ser o significante que indica como a linguagem faz advir, permite o nascimento do desejo. Apesar disso, o desejo ainda tem uma ambigüidade que levará algum tempo para Lacan resolver.

Observem que, enquanto designa o conjunto dos significados, este conjunto inclui também os efeitos metonímicos próprios do desejo, se recordarmos que em "A instância da letra..." o desejo é metonímia. Lacan ainda tem muita dificuldade para coordenar a causa do desejo, o que o causa, com o objeto, por um lado, e com os efeitos de significado, por outro. Existe um problema, porque nesse momento o advento do desejo, do desejo definido como metonímia, já foi definido em termos de "o desejo é sua interpretação".

Qual é o problema que Lacan enfrenta? Este consiste em que, se o falo é o significante que designa o conjunto dos significados, é, por sua vez, necessariamente, por lógica, o significante que designa o conjunto do desejo, porque o desejo como metonímia ainda não foi separado de seu significado. Lacan segue usando formulações do tipo "o desejo é desejo de outra coisa", a qual se traduz nessa vivência do sujeito que é o tédio, formulação que encontramos, por exemplo, no *Seminário V* e nos *Escritos* em "A direção da cura e os princípios de seu poder". A produção do objeto no simbólico, como objeto do desejo, é metonímica; mas esse objeto não é $(+\varphi)$ nem $(-\varphi)$.

Esse significante é privilegiado por duas coisas: 1) porque designa o conjunto dos significados, e 2) porque marca como o significado, ao estar atravessado pelo desejo, deixa de ser unívoco em sua relação com o referente; define, pois, como não unívoca a satisfação da necessidade para o sujeito falante, uma vez que este foi capturado pelo significante. Isto é, já não existe um objeto que possa satisfazer especificamente à necessidade, ficando prisioneiro o sujeito do envio de significações do já qual Lacan falava no *Seminário* I.

Se o falo é o significante dessa marca, essa formulação implica algo que Lacan sempre retomará, presente desde seus primeiros trabalhos, que é a idéia de que essa marca é marca sobre o corpo, não uma marca sobre qualquer outra coisa. Mais adiante no texto, veremos que relação isso tem com o significável. Mas esse falo, que é o significante privilegiado da marca, o significante privilegiado pelo qual o *logos* se une com o advento do desejo, não é o significante do Ideal.

Falo e Ideal não são marcas diferentes; Lacan fala da marca do ideal, mas a marca do ideal não é a marca desse significante privilegiado, o falo. Em todo caso, o ideal é outro significante privilegiado que executa outras funções, mas não é o significante fálico, é um significante muito mais submetido às variantes da história de cada sujeito. O significante fálico não depende nem varia com a história de cada sujeito. O significante do ideal só pode ser um (I) sem nenhum conteúdo. Ao contrário, quando dizemos "falo" remetemos a algo que tem a ver estritamente com a sexualidade, ainda que obviamente não se trate do órgão pênis; porque o falo é o significante privilegiado da marca pela qual se unem sexualidade e linguagem, ou, para dizê-lo mais claramente, o sexo e a linguagem, que permite a aparição da sexualidade freudiana.

Nesse sentido, o significante do falo é uma marca universal, é válida para "todo homem". Os ideais não, podemos dizer que todo sujeito tem que ter um ideal, mas não há um significante que em todas as baterias significantes, qualquer que seja a linguagem que um sujeito use, opere como ideal. As formas que o ideal assume mudam muito mais com as diversas ordens simbólicas e as histórias de cada sujeito do que o referente ao significante fálico. Isso é distinto do fato de haverem diferenças entre a perversão, a neurose e a psicose, entre as estruturas clínicas, no tocante ao destino que pode ter o significante fálico, destino solidário do complexo de castração e sua resolução. As respostas podem ser o recalque, a recusa ou a foraclusão, segundo as estruturas clínicas, mas correspondem a esse significante em particular.

Lacan diz depois, no parágrafo seguinte:

> Pode-se dizer que esse significante é escolhido como o mais saliente do que se pode captar no real da copulação sexual, ao mesmo tempo que como o mais simbólico no sentido literal (tipográfico) desse termo, posto que equivale aí à cópula (lógica). Pode-se dizer também que, por sua turgidez, é a imagem do fluxo vital na medida em que se transmite à geração. (38, 672) [39, 699]

Esse parágrafo esclarece o anterior. A primeira afirmação é "esse significante é escolhido", o que equivale a redundar sobre seu caráter de significante privilegiado, escolhido "o mais saliente do que se pode captar no real da copulação sexual". Em primeiro lugar, aponta para o saliente; em segundo, para o "significante privilegiado dessa marca". Então, dado que o falo é uma marca, comecemos a interrogar por que é uma marca, que tipo de marca é, em que sentido pode ser caracterizado como uma marca.

A caracterização "o mais saliente [deixando de lado todas as ressonâncias imaginárias que essa formulação suscita] do que se pode pegar no real da copulação sexual" exige um esclarecimento: agora, o real da copulação sexual não é o real em seu sentido lacaniano, mas o real no sentido biológico da relação sexual. O termo "real" é tomado aqui no sentido realista, banal e comum da palavra; o que sobressai, apoiando-se sem dúvida no biológico. Mas, de imediato, essa formulação experimenta uma virada que já tem pouco a ver com o biológico, quando acrescenta que é "o mais simbólico no sentido literal (tipográfico) desse termo, posto que equivale aí à cópula (lógica)".

Temos então:
1) o real da copulação sexual que não é o real no sentido estrito do real de Lacan, salvo em seu primeiro sentido histórico, enquanto externo ao simbólico;
2) é o mais simbólico, no sentido literal, ou seja, no sentido da ordem simbólica, e
3) "por sua turgidez, é a imagem do fluxo vital", ou seja, que remete ao imaginário.

Ao parar para pensar nos três pontos recentemente descritos, salta aos olhos a introdução das três ordens nesse parágrafo: o real, o simbólico e o imaginário, que são utilizados de um modo particular. O importante de guardar, nesse momento, é que o falo, em sua própria explicação, se articula com as três ordens por igual e não de forma predominante com uma só delas. Eco, este, do "nó" com que abre esse Escrito.

No que se refere ao simbólico, é considerado "o mais simbólico", jogando com o sentido literal, o de letra tipográfica, desse termo e seu contraponto com o simbólico como cópula lógica. A cópula lógica é o que serve de ligação em qualquer frase. Lacan joga com o equívoco com a conjugação do verbo "copular", tanto em francês como em castelhano*, no sentido da união sexual. Em lógica, a cópula se refere à função do verbo num juízo, na medida em que este une o sujeito com o predicado.

Joga com o equívoco dos termos "cópula", "copular", "copulação", por um lado; mas, por outro, sustenta que o sentido literal e tipográfico remete estritamente ao falo enquanto significante da marca, na medida em que uma marca sempre pode ser considerada como tipográfica. Os selos mais primitivos, inclusive milênios antes de existir a tipografia, marcavam

---

* Como também ocorre em língua portuguesa. (NT)

todos os objetos que eram ou que podiam ser possuídos, sendo, portanto, uma marca de propriedade.

A marca, Lacan insiste nisso, contém uma literalidade, palavra que deve ser entendida em termos de letra. Essa letra é uma letra geral, válida para todos os sujeitos falantes, pois essa letra é Φ maiúsculo, o falo como significante, não como significação.

Vejamos a equivalência entre essa marca tipográfica e a cópula no sentido lógico. A cópula lógica – que classicamente relaciona o sujeito com o verbo –, que tradicionalmente é o verbo "ser", introduz a lógica fálica, a lógica de ser ou ter o falo, lógica que é apresentada nesse mesmo parágrafo.

O que significa a equivalência de duas coisas? Significa identidade? Duas coisas que têm um mesmo valor são equi-valentes, e, de maneira geral, equivalência significa igualdade, identidade. Em matemática, uma relação de equivalência é uma relação binária, ou seja, entre dois termos, definida em função de um conjunto, que é simultaneamente reflexiva, simétrica e transitiva; definição que também é válida para uma classe. Em lógica, é definida como um conectivo binário numa proposição complexa, pela qual esta última é verdadeira se as duas proposições elementares que a formam forem ambas verdadeiras ou ambas falsas.

O falo como marca tipográfica equivale à cópula lógica, e assim funcionará entre os sexos. Sua função como marca, letra, é equiparável a sua função de cópula lógica entre os sexos; ali onde a copulação biológica, instintiva, falha no ser falante, a cópula lógica a supre. Permite assim o funcionamento de uma marca literal – uma letra –, ali onde a fixidez do instinto se perdeu. Essa marca permite uma união, uma cópula, cuja necessidade é lógica e não biológica. A isso se deve a ênfase no caráter de letra, de letra que, como na tipografia, está aberta a múltiplas combinações, solidária do funcionamento da letra na escrita lógica. O caráter de equivalência da marca com a cópula se articula com o valor lógico, isto é, o verdadeiro ou o falso. Esse desenvolvimento no nível simbólico permitirá a Lacan, portanto, começar a introduzir a lógica do ser e do ter o falo.

Passa, por último, à ordem imaginária, ao sublinhar a importância da turgidez em sua relação com a imagem. Um ponto importante – que tornará a aparecer nas aulas do *Seminário X*, "A angústia", dedicadas ao falo e ao *a* – é se o significante aparece associado à turgidez, à ereção. O falo imaginário, como objeto que opera na castração, aparece como um falo detumescente, caído, não túrgido. A turgidez aparece associada com o significante, enquanto efeito no imaginário do significante, mas não como o objeto que opera no complexo de castração.

Lacan utiliza a referência à imagem do fluxo vital em sua relação com a geração como uma paráfrase da reprodução. Essa imagem do fluxo vital coincide com as descrições dos textos gregos e / ou romanos, por exemplo, da função do falo no nível significante. Essa é uma referência a ditas formulações, não uma referência psicanalítica.

Depois de descrever o falo nas três ordens, diz no parágrafo seguinte:

> Todas essas expressões não fazem senão continuar velando o fato de que não pode desempenhar seu papel senão velado, [...] (39, 672) [40, 699]

O (-φ), o falo negativizado, é o falo imaginário tal como opera na castração. O falo simbólico, como significante, Φ, não pode ser nem negativo nem positivo, não opera como falta (-) nem como acréscimo (+). Como opera então? Opera velado. O termo "velado" ocupa, nesse ponto, o lugar do (-) no (-φ). Aquilo que no imaginário aparece como um (-φ), que não se vê no espelho, que é um imaginário não especular, aparece no simbólico como o significante fálico, Φ, não visível devido à ação do véu que o encobre, véu que substitui o (-) na designação da ausência.

Passemos agora à parte final da frase que começamos a citar:

> [...] isto é, ele mesmo como signo da latência de que sofre todo significável, desde o momento em que é elevado (*aufgehoben*) à função de significante. (39, 672) [40, 699]

Esse parágrafo apresenta dificuldades, pois tal como a frase está estruturada, "como signo da latência, com o qual se vê afetado ou marcado todo o significável", afirma que: 1) o falo é signo e 2) que depois esse signo é elevado à função de significante. Essa formulação poderia ser contraditória com o que disse antes, pois sustenta que o falo tem que ser signo antes de ser significante.

Lacan define o signo como o que quer dizer algo para alguém. Não obstante, o falo não é signo de qualquer coisa, é signo do velamento, da latência – no sentido freudiano do termo – que afeta o significável. No início do artigo, o significável surgia como o que não tem nenhum significado, a não ser a possibilidade de chegar a ser um significado por ação do significante, aquilo sobre o que opera o significante para produzir significado. O falo como signo indica a latência, o recalque primário que afeta o corpo do significável por ação do significante. Se o significante representa um sujeito para outro significante, o falo como signo da latência representa algo para alguém, como a fumaça que representa o fogo.

A interpretação desse parágrafo é muito árdua e delicada, e exige muito tempo e muitas leituras se dar conta de por que se introduz o signo nesse momento do texto. Pode-se sustentar que a única explicação racional, em termos da obra lacaniana e de seus significantes, é que, para começar, a definição do significante fálico no artigo indica que, de acordo com a definição de significante de Lacan, o significante fálico, uma vez que é um significante, pode representar o sujeito para outro significante. O que não implica que o falo seja o significante que representa o sujeito, o qual é um efeito de significação. Lacan enfatiza dessa maneira que o falo não é o significante que representa o sujeito para o resto dos significantes, mas que é o signo do recalque que sofre o significável do sujeito no nível da necessidade biológica.

Existem variações a esse respeito, porque, às vezes, Lacan parece querer dizer que o falo é o significante que representa o sujeito para outro significante, não obstante, por último, duas fórmulas definirão o falo: este será o significante do desejo e o significante do gozo, mas não será o significante do sujeito.

Definir o falo como signo implica que, para os sujeitos falantes, será a marca da confluência da cópula lógica com a cópula sexual, essa cópula sexual "natural" que perderam por obra do recalque primário, tornando-se assim impossível a complementaridade "natural" entre os sexos. Sua função será, pois, a de fazer signo (fazer signo deve ser lido como piscar o olho) para o outro sexo, funcionando assim como laço entre os sexos, laço que também se materializa. O falo serve de signo para o Outro, seja o Outro do desejo ou do gozo. Porém o signo do desejo e o signo do gozo não são a mesma coisa que o signo do sujeito. "Signo" aponta então para esse papel de intermediação que o falo terá nas relações de parentesco; assim Lacan o apresenta no *Seminário XI*, no qual funcionará como aquilo que entra na circulação do parentesco – segundo a frase de Lévi-Strauss –, na qual se intercambiam mulheres por falos-crianças.

Insisto que o termo latência dever ser entendido no sentido do latente freudiano, do inconsciente, do não manifesto. O véu é uma metáfora do recalque, porque o véu torna-o não manifesto, latente, e implica que o significável recebe o golpe, mas também o cunho – no sentido de cunhar uma moeda, termo que também remete à marca, ao selo – da ação do significante. A moeda, em certa época, era uma prerrogativa régia, que levava a marca, o escudo da casa real ou do rei.

Desse modo, reaparece o caráter de marca, de uma marca que cunha o significável. Isso implica que o significável, que é, insisto, tudo aquilo que é passível de sofrer a ação do significante, é cunhado pelo próprio significante, adquire certo valor na medida em que o significante o ordena e o organiza de certo modo, isto é, o marca separadamente. Por isso, o falo poderá ser signo da latência que o significante imprime a todos os efeitos de significado como tal, uma vez que é o significante destinado a designar em seu conjunto os efeitos de significado.

Por essa razão, Lacan insistirá que na medida em que o falo se transforma no próprio signo do recalque, por ser o signo da latência, torna-se, ao mesmo tempo, o signo do recalque que sofre todo o significável, entendendo por recalque a perda de naturalidade do corpo. A perda de naturalidade do corpo, que é uma das formas como Lacan redefine o recalque, faz com que se perca o caráter de substancialidade da necessidade.

O falo suprirá o que o significante faz a sexualidade humana perder de natural, suprirá enquanto marca e, ao mesmo tempo, como cópula, como o que faz laço lógico entre os sexos.

Esse é o destino do significável quando é elevado à função de significante. Portanto, para que o significável seja elevado à função de significante, tem que ter se produzido a estampagem do significante sobre o significado, que é modificado na sua estrutura. Só então um significante, o falo, pode designar o conjunto dos efeitos de significado, como dizia o texto no início.

Lemos depois:

> O falo é o significante dessa própria *Aufhebung* [isto é, dessa superação, síntese, usado no sentido de ser elevado a...] que inaugura (inicia) por seu desaparecimento. (40, 672) [41, 692]

O falo, isso é fundamental, é o próprio significante daquilo pelo qual, no ser humano, a sexualidade é um sistema de significantes e não de signos. Distancia-se assim claramente de qualquer interpretação etológica da sexualidade humana, uma vez que a etologia opera com os signos com os quais os animais se reconhecem no momento do acasalamento sexual. O falo inaugura, inicia essa ascensão pelo seu próprio desaparecimento. Seu desaparecimento é correlativo à sua chegada como signo de tudo o que fica latente por efeito do recalque, induzido pelo sistema significante. Conseqüentemente, o significante fálico passa a ser significante do gozo ou do desejo, algo inseparavelmente ligado à operação de recalque como tal, no sentido forte do recalque freudiano.

Além disso, ver-se-á em seguida, Lacan estabelece uma diferença entre recalque primário e secundário em relação ao próprio falo, que também tem importância. O véu da latência lhe dá seu caráter particular:

> Por isso o demônio do *Aidos* (*Scham*) [isto é, do pudor] surge no exato momento em que, no mistério antigo, o falo é desvelado (cf. a célebre pintura da Villa de Pompéia).
> Transforma-se então na barra que, pela mão desse demônio golpeia, cunha [torna a usar a palavra *frappe*], dá forma ao significado, marcando-o como a progenitura bastarda de sua concatenação significante. (40-1, 672). [41-2, 699]

Esse ponto é amplamente desenvolvido no *Seminário V*, quando Lacan comenta "Bate-se numa criança". Vale a pena sublinhar que essa menção do demônio do pudor é anterior à referência, muito mais conhecida, que Lacan faz a ele em "Kant com Sade", quando assinala que o perverso aponta para esse lugar onde no outro surge o pudor, que é, justamente, o que o perverso viola.

Observando o encadeamento do texto, vê-se que "violar o pudor" situa-se justamente antes da introdução do sujeito barrado, indicando, portanto, que o pudor é inseparável da divisão subjetiva. Nos termos de Freud, o pudor é um dos três diques – que pode ser traduzido de forma alternada como asco, vergonha ou pudor – da moral. Há, pois, uma referência muito específica a um dos diques freudianos frente à sexualidade, que é coextensiva à operação de divisão do sujeito. Isto é, só pode ser pudico um sujeito dividido, não há pudor onde não há divisão do sujeito. Nesse sentido, não a vergonha, mas sim o pudor, é um afeto estritamente humano, impensável no mundo animal.

Lacan assinala a relação do pudor com o desvelamento do falo nos mistérios da Antiguidade, ou seja, quando se corria o véu que o cobria. A partir do que foi dito anteriormente, isso implica que, no momento em que algo do recalque é afetado, nesse momento pode aparecer, surgir o pudor. É o momento em que a análise se aproxima da divisão subjetiva e daquilo que o véu do recalque encobre. Nesse sentido, Lacan retoma uma indicação freudiana, dado que Freud fala do pudor ou da vergonha não somente em relação com o fantasma, mas também em vários momentos de sua obra, assinalando que, quando o paciente se aproxima de dizer algo, pode ser uma banalidade, uma besteira, o que experimenta é pudor; um pudor que não surge do conteúdo do que diz, isso é o importante, mas que leva a marca de como foi cunhado pelo recalque.

Uma vez desvelado o falo, quando se corre o véu da latência, Lacan propõe uma dessas complexas sutilezas que encontramos freqüentemente em seus *Escritos*. Examinando o texto, vemos que num primeiro tempo fala do velamento do falo, ou seja, de como o falo fica velado pela operação do recalque. Quando o falo é desvelado, não é que o véu desapareça, mas que, segundo tempo no texto, se transforma na barra que divide o sujeito, o véu torna-se barra, isto é, a barra do $.

No momento em que o falo faz sua aparição, o sujeito, necessariamente, aparece como dividido, pois o correr do véu o divide. O demônio do pudor o divide em seu enfrentamento com o que deve ser recalcado. O recalcado fica marcado "como a progenitura bastarda de sua concatenação significante". A alusão ao termo "bastardo" se deve a que os bastardos da aristocracia tinham uma barra em seu escudo de armas, uma barra cruzada que, para a heráldica, era índice de bastardia, de ilegitimidade. O sujeito dividido, o sujeito do inconsciente, é definido aqui por Lacan como um bastardo do significante, um bastardo muito particular. Nesse sentido, como sujeitos divididos, somos todos bastardos. O ponto importante é por que a progenitura é bastarda; por um lado está a alusão à barra, que é clara, mas qual é a progenitura bastarda?

Em geral, ainda que nem sempre, o bastardo era produto de uma união socialmente desigual, não só ilegítma. O bastardo, aqui, é o produto da união desigual, heterogênea, entre o significante e o corpo. O sujeito barrado é o bastardo das núpcias entre o corpo e a cadeia significante; é bastardo, pois é filho da união de duas ordens diferentes: o real e o simbólico.

Continuo com o parágrafo seguinte:

> É assim que se produz uma condição de complementaridade na instauração do sujeito pelo significante, a qual explica sua *Spaltung* [isto é, sua cisão, sua divisão] e o movimento de intervenção em que se acaba.
> A saber:
> 1) que o sujeito só designa seu ser pondo uma barra em tudo o que ele significa, tal como aparece no fato de querer ser amado por si mesmo, miragem que não se reduz por ser denunciada como gramatical (posto que implica a abolição do discurso);
> 2) que o que está vivo desse ser no *urverdrängt* [isto é, no recalque primário] encontra seu significante por receber a marca da *Verdängung* [ou seja, o recalque] do falo (graças ao qual o inconsciente é linguagem). (42-5, 672) [43-6, 699-700]

Nessa citação percebe-se um duplo movimento, que está relacionado com o duplo movimento antes mencionado; "o sujeito só designa seu ser" nos remete ao $, ao barrar "tudo o que ele significa, tal como aparece no fato de querer ser amado por si mesmo"; ao referir-se ao sujeito, Lacan introduz nesse ponto o termo "designa", cuja ambigüidade como termo já vimos, pois ao mesmo tempo indica, chama, nomeia, nomina, sendo, portanto, uma palavra que condensa várias acepções. Portanto, designar o ser do sujeito implica barrar tudo aquilo que significa enquanto ser vivo, animal inclusive. O ser do $ se transforma num vazio de ser, que Lacan qualificará depois como conjunto vazio. Adianto esse desenvolvimento pois permite entender melhor esse vazio de ser do sujeito, $, que é o vazio de um conjunto vazio, um conjunto que não inclui nada, que não inclui nenhuma significação.

A última parte da frase, "como aparece no fato de querer ser amado por si mesmo", toma uma formulação do *Seminário X*, "A angústia", no qual é feita uma referência à "miragem do amor". Essa miragem faz com que o sujeito espere ser amado pelo que é, não pelo que tem, não pelo que possa ter; por nenhuma outra coisa mais que por seu puro ser, ser que tampouco sabe o que é, que tampouco pode ser um dom que possua ou uma característica física, porque qualquer uma dessas duas possibilidades já é, a partir da miragem do amor, uma degradação de seu próprio ser.

Essa miragem é produzida pela estrutura gramatical do pronome de primeira pessoa, tal como se apresenta em francês, desdobrando-se em eu, *je* e eu, *moi*. A miragem é dupla; é a miragem especular do *moi* e a miragem do sujeito do inconsciente, desse sujeito que poderia dizer eu (*je*) no inconsciente. Agora, por que isso produziria a abolição do discurso? Porque se o sujeito deseja ser amado por si mesmo, por seu eu, *je* ou *moi*, não importa qual dos dois, o que se produz, tomando a própria estrutura do grafo, é o apagamento das duas cadeias do grafo, a cadeia do enunciado e a cadeia da enunciação.

Supor que existe um sujeito que possa dizer-se *je* no inconsciente implicaria a abolição da diferença enunciado–enunciação, isto é, das duas linhas que configuram a estrutura básica do grafo, a do enunciado e a da enunciação, o que implicaria a abolição do discurso. Por quê? Porque se isso fosse possível existiria uma metalinguagem; qualquer coisa não poderia significar qualquer outra. A polissemia da linguagem humana funda-se na existência estrutural de duas cadeias significantes. Portanto, se falta essa diferença entre as duas cadeias, produz-se uma abolição do discurso, no sentido de um discurso que implique o sujeito do inconsciente como efeito sobredeterminado de duas cadeias significantes. Haveria um puro código unívoco, sem equivocidade de significação possível.

No segundo ponto diz Lacan:

2) que o que está vivo desse no *urverdrängt* [isto é, no recalque primário] encontra seu significante por receber a marca da *Verdängung* [ou seja, o recalque] do falo (graças ao qual o inconsciente é linguagem). (45, 672) [46, 700]

Para entender esse segundo ponto deve-se recordar a descrição, realizada anteriormente, que caracteriza o falo como o significante dessa superação, dessa *Aufhebung* que o falo inaugurava com seu desaparecimento, seu velamento, seu funcionamento velado.

O recalque primário, a essa altura, depois terá outras formulações em Lacan, é a perda da necessidade, a perda do significado puro do que pode ser o imaginário animal, como uma significação unívoca para o animal. Para o sujeito humano, já há, de saída, um momento de recalque primário, o momento no qual ao cair prisioneiro da cadeia significante, da linguagem, perde sua naturalidade. Assim está indicado no artigo "Subversão do sujeito...", quando, no primeiro grafo, na flecha inicial do vetor diacrônico encontra-se o sujeito mítico da necessidade e o $, no ponto de chegada do vetor, depois de ter cruzado com o vetor sincrônico da cadeia significante. Ali se situa o tempo do recalque primário.

O recalque secundário, em contrapartida, continua estando situado na fase fálica. Situa o recalque secundário como o recalque do falo, no sentido freudiano tradicional, mas separa o recalque primário das fases libidinais. Essa é a outra operação importante que Lacan leva a cabo: o recalque primário já não é solidário das fases da libido e de sua culminância fálica, mas da perda de naturalidade que o ser falante experimenta devido a sua captura pela linguagem.

Essa formulação está muito próxima dos termos freudianos, é solidária do que Freud descreve, por exemplo, a respeito da constituição da pulsão a partir da necessidade. Exatamente no movimento de constituição da pulsão como perda da naturalidade instintiva, situa-se o recalque primário enquanto a própria possibilidade da pulsão e não enquanto solidário das fases libidinais. Nesse ponto não coincide com Freud, mas coincide se o remetermos ao ponto de perda da necessidade biológica. Essa é uma leitura do que diz Freud; pode-se discutir esse ponto, pois pode haver outras leituras do que foi dito por Freud nos outros textos.

O sujeito humano perde no recalque primário seu caráter de vivente; esta é a fonte da mortificação do significante sobre o sujeito. Essa mortificação tem o falo como significante, marca do recalque. O recalque marca o sujeito, e o significante que o marca, o falo, torna-se significante da perda de naturalidade, mas não significante do sujeito. O falo sofre o recalque secundário; o vivente, o ser vivo, sofre o recalque primário. O falo, porém, não é agente do recalque, por isso tampouco é significante do recalque, mas é significante dos efeitos do recalque. Os dois maiores efeitos do recalque serão o desejo e o gozo. Os maiores efeitos do recalque primário, entendido como perda de naturalidade, serão, por excelência, o desejo, por um lado, e, por outro, o gozo; eles são dois complementos que compensam a necessidade perdida, o organismo perdido.

Retornando à frase anterior, na qual se refere à complementaridade, palavra que Lacan usa pouco:

> É assim que se produz uma condição de complementaridade na instauração do sujeito pelo significante, a qual explica sua *Spaltung* [isto é, sua cisão, sua divisão] e o movimento de intervenção em que se acaba. (42, 672) [43, 699]

Qual é a complementaridade? A complementaridade que aqui se introduz, que depois não será mantida como tal, é a da compensação da perda de naturalidade pelas miragens que são efeito do discurso, seja a miragem do eu (*je*) ou a miragem do *moi*. O discurso compensa, dá uma espécie de indenização, pouco satisfatória, pelo que perdemos, através das miragens de unidade ou de integração que ele mesmo gera, mas que são sempre profundamente insatisfatórias para o sujeito. Portanto, o falo fica definido como o significante desses efeitos.

Lacan dará em seguida uma nova definição do falo, do falo como significante:

> O falo como significante dá a razão do desejo (na acepção em que o termo é empregado como "média e extrema razão" da divisão harmônica). (46, 672) [47, 700]

Nesse ponto se produz, no texto, uma mudança importante em relação à formulação da causa. Na página 671 [698] Lacan afirmava que: "[...]Para cada um dos *partenaires* da relação, tanto o sujeito como o Outro, não pode bastar serem sujeitos da necessidade ou objetos do amor, devem ocupar o lugar de causa do desejo". Podia-se pensar que o falo ocupa o lugar da causa de desejo. Mas não é assim, o falo é a "razão do desejo", não sua causa; razão e causa não são dois conceitos intercambiáveis. Esclarece, inclusive, em que sentido está usando "razão": está usando-a no sentido matemático, como proporção, como o que tem medida comum e permite uma proporção justa na operação de divisão. Permite uma divisão exata, sem resto.

Pensa o falo com o modelo geométrico do número de ouro, que media a proporção exata para obter certos sons, certos traçados que, sobretudo, se usavam em arquitetura e em música, pois os pitagóricos introduziram-no em relação a essas duas atividades. Enquanto média e razão máxima da divisão harmônica, tem uma característica muito importante, que cabe destacar. Uma média e uma extrema razão permite uma razão comum, isto é, um denominador comum, e o falo torna-se o denominador comum para ambos os sexos, é o denominador que logicamente permite a relação entre os sexos, sua divisão harmônica.

O falo cria a ilusão de harmonia entre os sexos, ali onde eles se entendem mal. Lacan, no *Seminário X*, "A angústia", situará essa ilusão produzida pelo falo no fato de que este cria, nos sujeitos falantes, a ilusão de que a união sexual é sem resto. Nas primeiras aulas de "A angústia", deve-se sublinhar a ênfase que Lacan põe em torno da existência ineludível do resto. No texto "A significação do falo", Lacan explica a divisão subjetiva e não alude ao papel essencial que o resto desempenhará depois. A leitura desse texto pareceria implicar que pode haver uma divisão dos sexos sem resto. Todavia, apesar de já contar com a fórmula do fantasma, Lacan tem muita dificuldade para articular o objeto *a* com o falo, articulação que não é uma tarefa nada simples.

Pouco depois lemos:

> Que o falo seja um significante é algo que impõe que seja no lugar do Outro que o sujeito tenha acesso a ele. Mas, como esse significante só está ali velado e como razão do desejo do Outro, é esse desejo do Outro como tal que se impõe ao sujeito reconhecer, isto é, o outro enquanto ele mesmo é um sujeito dividido pela *Spaltung* significante. (48, 673) [49, 700]

No nível fálico, inclusive clinicamente, as coisas são razoáveis, têm uma medida comum que traz consigo a possibilidade de uma razão. As coisas se tornam muito pouco razoáveis quando se trata do objeto *a*, pois o objeto é solidário do número irracional, do incomensurável, já que Lacan vai pensá-lo – não se trata de um uso metafórico – nesses termos: os números incomensuráveis são, precisamente, aqueles que carecem de uma medida comum, cuja divisão deixa um resto irredutível. O problema dos irracionais, não me refiro agora aos números, mas aos objetos *a*, é que não permitem nenhuma medida de comparação, carecem de qualquer proporção no sentido matemático. O falo, ao contrário, oferece uma medida padrão, uma medida comum. Nesse sentido o falo é a razão – a proporção matemática – das neuroses e das perversões.

Em termos do falo, finalmente, todos nós nos entendemos; em termos do falo, que é esse significante Φ maiúsculo, todos os seres falantes, inclusive para-além da linguagem, de nossa língua materna, nos entendemos, podemos chegar a um acordo. Não nos entendemos, em contrapartida, quando se trata de objeto *a*. Em relação a ele surgem todas as irracionalidades, todas as desmesuras, todas as diferenças não compatizáveis entre os sujeitos. Por isso, e não é à-toa, Lacan porá o objeto *a* como princípio do racismo. O falo permite obter uma medida comum, uma medida universalizável, que todos nós podemos entender inclusive para-além de nossa língua materna, porque esse significante, não importa como se chame nas diferentes culturas, existe por estrutura. O objeto, porém, carece da própria possibilidade de uma medida comum. Esse é o fundamento do caráter pacificador do falo, que oferece uma medida comum, que permite decidir, julgar, definir o que é razoável ou não, o que é correto ou não, etc. Funciona, portanto, com esse caráter pacificador próprio do simbólico.

A perturbação profunda virá do resto, do que não tem medida comum, do que é causa e não razão. Do lado da causa, no sentido estrito para Lacan, não existe a possibilidade de causas comuns; existem razões comuns, porque no nível do falo, da razão, todos podemos chegar a certos acordos. Ao contrário, no nível da causa não há acordo possível entre os sujeitos. Em todo caso, ter-se-á que recorrer sempre a alguma forma de limite entre eles, limites que, posteriormente, assumem formas distintas em Lacan, para-além desse limite que é o significante fálico.

Quero enfatizar que entre a formulação segundo a qual alguém deve funcionar como a causa do desejo para o outro e o falo, como a média e extrema razão do desejo, está estabelecido o salto de Lacan em relação a Freud. Porque, sem dúvida, Freud descreveu essa medida comum e, também, começou a esboçar os objetos que depois permitirão o desenvolvimento do objeto *a*: os objetos da pulsão parcial.

No artigo "A pulsão e suas vicissitudes...", Freud pensa os objetos com o padrão de medida fálica. Para Lacan, há uma pertinência em relação ao funcionamento dos objetos como metáforas ou metonímias, como significações no nível da medida fálica, mas há um nível em que não acontece assim. Esse é o nível, somente imaginário, que Melanie Klein teorizará ao seu modo, e Winnicott, ao seu, sem chegar a considerar o real ali em jogo, ainda que, não obstante, o fossem cercando, delimitando. Abraham é o indicador dessa via. Lacan coteja duas vertentes que eram muito difíceis de cotejar: a do falo e a dos objetos parciais.

Nesse parágrafo que estamos examinando, ao separar o recalque primário do falo, resolve o que durante muito tempo foi um problema muito complexo na teoria da relação de objeto, em relação a onde situar, onde pôr o ponto do recalque primário. Problema que originou a polêmica acerca do que vinha primeiro, se o fálico ou o oral, o oral ou o fálico.

Para Lacan, a própria pergunta está mal formulada. A origem, o que está primeiro – se o ovo ou a galinha –, é uma pergunta mal formulada porque é formulada como uma pergunta impossível de responder.

Deste modo, o falo e o objeto são heterogêneos entre si. Se se pensa numa culminância do desenvolvimento pulsional na fase fálica, pode-se dizer que nela se produz o recalque secundário do falo, correlativo do fim do complexo de Édipo. Porém, para Lacan, o ponto central no que se refere ao objeto *a* é que, na medida em que o *a* é da ordem do real, não podemos falar, no que se refere a ele, nem de recalque, nem de retorno do recalcado; porque o objeto não é recalcado, enquanto real lhe caberão outras formas de retorno, mas não a do retorno do recalcado.

Este esclarecimento é importante, pois não é a mesma coisa pensar que o objeto volta como retorno do recalcado, caso no qual seu retorno é simbólico, e pensar que volta como real. Não se pode medi-lo com a medida própria do falo. Esse é o ponto de debate permanente que explica o erro que qualificaria como necessário, de Klein, necessário uma vez que não podia mais do que ocorrer ao centrar sua exploração no imaginário, ao explorar o objeto em dita dimensão. A partir de sua exploração do imaginário e com o acréscimo de uma pequena volta em torno do simbólico, que Winnicott dará, Lacan chegará a construir o objeto *a* como real. Sem essa passagem pelo imaginário não seria possível a construção do objeto *a* de

Lacan. Esta não é uma mera suposição minha, era um passo que tinha que ser dado teoricamente. Melanie Klein o dá na análise das crianças pequenas e vai trabalhá-lo em certos quadros psicóticos; mas tudo o que articula no imaginário, nesse imaginário aparentemente sem lei, não impede, de qualquer modo, de encontrar o falo, e, muito precocemente, no interior desse mundo imaginário.

Por fim, diante do real lhe acontece a mesma coisa que aconteceu com Freud, quando este considera as protofantasias originárias no caso clínico do "Homem dos lobos" e conclui que são genéticas, dado que não tem outra forma de explicar o real do fantasma. Não tem outra forma de explicar o real do objeto, a não ser através de um componente hereditário, na medida em que ainda não pode definir a pertinência do real psicanalítico.

Esses percursos não podem ser evitados. Caso contrário, isso implicaria que Freud não se deu conta, que Melanie Klein foi estúpida ou que tampouco se deu conta, como Winnicott, no que diz respeito a sua conceitualização do objeto transicional. Foi preciso dar certos passos para que outros delimitassem o caráter de impasse do percurso de determinados caminhos.

Portanto, pode-se sustentar que no *Seminário XV*, quando Lacan qualifica o objeto transicional como lapso do ato analítico, é um lapso para ele, para Lacan, porque a partir desse lapso pode delimitar de uma nova maneira o objeto *a*. Prova disso é a mera comparação da leitura do objeto transicional no *Seminário IV* e sua leitura no *Seminário XV*; algo mudou em sua leitura do objeto transicional entre os dois Seminários, porque o objeto transicional de Winnicott não mudou; foi Lacan que modificou sua leitura desse objeto. Sua atitude muito respeitosa no *Seminário IV*, no qual se atém ao pé da letra ao que diz Winnicott, modifica-se depois, dado que, entrementes, separa a categoria do real, caracterizando a especificidade do retorno do objeto como um retorno do real diferente do da psicose. O objeto não está recalcado, mas tampouco está foracluído no sentido das psicoses. Portanto, não se pode pensar que o real lacaniano, no sentido estrito, seja homogêneo, seja formado por elementos idênticos. Uma coisa é a foraclusão do nome-do-pai e outra o mecanismo através do qual se produzirá o objeto.

Pode-se entender então o parágrafo seguinte:

Assim, em primeiro lugar, se formula mais corretamente o fato kleiniano de que a criança apreende desde a origem que a mãe "contém" o falo. (50, 673) [51, 700]

Logo depois, examina a relação entre demanda e desejo em relação à lógica atributiva do falo:

> Mas é na dialética da demanda de amor e da prova* do desejo que se ordena o desenvolvimento. (51, 673) [52, 700]

Essa é uma formulação que se deve conservar quando se reflete acerca de como Lacan pensa a relação entre os estádios libidinais e a estruturação do desejo. Deve ser pensada no marco da relação entre a demanda de amor e a prova do desejo, prova do desejo que é sempre prova pelo desejo do Outro.

A idéia da prova do desejo implica algo da ordem da ordália, no sentido da prova diante do Outro divino para comprovar onde está a verdade. A relação do sujeito com o desejo do Outro implica uma ordália, uma prova pela qual se tem que passar, que deixa suas marcas no sujeito e que, como prova, implica também um risco para o sujeito. O enfrentamento com o desejo do Outro é arriscado:

> Essa prova do desejo do Outro, a clínica nos mostra que não é decisiva enquanto, nela, o sujeito se torna ciente de se ele mesmo tem ou não tem um falo real, mas enquanto se torna ciente de que a mãe não o tem. (53, 673) [54, 701]

Esse foi o ponto de partida quando, no início do texto, Lacan se interroga acerca da articulação do falo com a castração feminina. A prova do desejo do Outro – articulada nesse artigo com a mãe, prova que depois será desarticulada desse Outro primordial histórico – não é uma prova frente

---

* Em língua portuguesa, optou-se pela tradução do francês *épreuve* por *experiência*. Em espanhol, entretanto, temos o termo *prueba*, ou seja, prova, demonstração, indício, exame, provação. Assim, optamos pela tradução por *prova*, uma vez que julgamos ser a tradução mais próxima para o que autora desenvolverá. (NT)

à ausência do Outro, mas uma prova em presença, porque a prova do desejo do Outro não é o luto da privação de que falamos antes; é algo muito distinto do luto.

A partir dessa perspectiva, assim como na demanda a ausência é central e se pede ao Outro uma presença permanente – é isso que a demanda incondicional de amor veicula, a exigência de que o Outro esteja ali o tempo todo, enquanto o Outro vai e vem –, a prova do desejo do Outro desperta a angústia do desamparo, a angústia como primordial, que é angústia diante de uma presença, não diante de uma ausência. É a presença vivida do desejo no Outro. Não é a ausência do Outro o que relaciona o desamparo com a angústia e com a idéia da prova, é a prova que é, precisamente, a presença do desejo do Outro, que é diferente da presença da demanda do Outro, pois a presença da demanda e a presença do desejo são por si só heterogêneas.

O sujeito pode escapar do desejo e, às vezes, é o que lhe é mais fácil, seguindo o modelo da reação de fuga diante de um perigo exterior.

Lacan diz o seguinte:

> A demanda de amor só pode padecer de um desejo cujo significante lhe é estranho. (52, 673) [53, 700]

Essa formulação indica claramente que o significante I maiúsculo, significante ideal do qual a demanda é solidária, não é o falo, significante do desejo.

Continua dizendo:

> Se o desejo da mãe *é* o falo, a criança quer ser o falo para satisfazê-lo. (52, 673) [53, 700]

À diferença do que dirá no *Seminário X*, Lacan ainda não esclarece que a posição da criança, ao querer ser o falo, exige a presença do falo enquanto falo imaginário. A posição de ser o falo é uma significação que podemos formalizar com um $(+\varphi)$, um falo imaginário positivado; é uma posição regida pelo significante fálico (Φ) como significante do desejo da mãe. Lacan não diz que a criança se identifica com o significante fálico; a criança se identifica sim, no ser ou no ter o falo imaginário (φ), positivado ou negativado, ou seja, se identifica com os efeitos de significação que se observam no nível da significação fálica, isto é – nesse momento do ensino de Lacan –, com a significação imaginária. Por isso, o texto continua do seguinte modo:

> Assim, a divisão imanente ao desejo já se faz sentir por ser experimentada no desejo do Outro, na medida em que já se opõe a que o sujeito se satisfaça apresentando ao outro o que pode *ter* de real que corresponda a esse falo, pois o que tem não vale mais que o que ele não tem para sua demanda de amor que quereria que ele o fosse. (52, 673) [53, 700]

Implícito nessa citação está o comentário de Lacan do pequeno Hans, no qual assinalou quão traumática foi para o pequeno Hans sua primeira masturbação, uma vez que ela implicava a avaliação da pequenez de seu falo diante da sua posição de ser o falo para a mãe, em função do desejo dela, e como, nessa experiência, constata quão pouco tem para oferecer à mãe.

Mas por que Lacan diz "a divisão imanente ao desejo já se faz sentir por ser experimentada no desejo do Outro..."? Nesse ponto encontramos um problema de tradução sutil, pois "experimentada", em francês "*éprouvée*", é "experimentar", "passar por uma prova", e tem também certo matiz de "padecer". É uma prova, um padecimento dessa experiência do desejo do Outro, no desejo do Outro. A divisão do desejo se instala aqui entre o falo que quereria ser e o que tem para oferecer ao Outro.

Lacan introduz no final da frase, e não é à-toa, um ponto complicado quando se refere à demanda de amor, porque, na medida em que se fala do falo que se quereria ser e se o compara com o que se tem, necessariamente se filtra a referência ao ideal, pois esse falo não demonstra estar à altura do que deveria ser: o falo ideal; desse modo torna a se imiscuir a demanda, razão pela qual o sujeito nunca está à altura do que exige a demanda de amor. Em última instância, a prova de amor sempre marca, para o sujeito, que tudo o que tem para dar é, por definição, por estrutura, insuficiente.

Lacan enfatiza que essa prova do desejo do Outro é solidária do desejo da mãe como Outro primordial, formulação que depois sofrerá certas modificações. Por isso afirma:

É esse o momento da experiência sem o qual nenhuma conseqüência sintomática (fobia) ou estrutural (*Penisneid*) que se refira ao complexo de castração tem efeito. Aqui se sela a conjunção do desejo, na medida em que o significante fálico é sua marca, com a ameaça ou nostalgia da falta-de-ter. (53, 673) [54, 701]

O sujeito o vive como falha, como o caráter falhado de seu ser, se entendemos "falhar" em seu uso habitual em nossa língua, como quando dizemos, a respeito de algum objeto, que tem alguma falha, ou seja, que não está bem feito.

Retomemos a frase de Lacan: "[diante da castração da mãe] se assinala a conjunção do desejo, na medida em que o significante fálico é sua marca, [...]". Lacan já tinha dito anteriormente: o significante fálico é marca do desejo, causa do desejo, portanto esse significante "marca", "razão" se une com "a ameaça ou a nostalgia da falta-de-ter".

Por que, no texto, o ter antecede o ser? A castração materna é o momento de descoberta da mãe como desejante, é o momento em que o significante fálico pode, enquanto tal, chegar a ser a marca do desejo. Porém Lacan tinha dito que o desejo da mãe é o falo; esse "é" está situado na mãe. Na criança, o ter aparece como aquilo com o que pensa poder responder ao desejo da mãe, só pode responder ao desejo materno através de um ter, ter sem dúvida sempre insuficiente. Nesse momento aparecem as duas formas clássicas da castração freudiana: a ameaça de castração para o homem e a nostalgia com a qual Lacan caracteriza o *penisneid* feminino.

Entre nostalgia e ameaça delineia-se a hiância que faz necessária a aparição desse significante que é o desejo da mãe. Só então se pode falar das conseqüências sintomáticas e estruturais da castração. Quando algo não anda no tocante à castração, a conseqüência sintomática mais freqüente é a fobia, que, em certo sentido, é a enfermidade da infância por excelência. Cada vez que se reitera essa passagem pelo desejo, a prova do desejo do Outro, a reaparição da fobia é bem possível.

Nesse sentido, a fobia também deve ser levada em conta clinicamente na análise de sujeitos adultos. A aparição de uma fobia no decorrer de uma análise indica, freqüentemente, que algo da ordem da castração e do desejo começa a despontar e está começando a se elaborar. Por essa razão, Lacan não irá considerá-la uma estrutura estável – como é o caso da neurose obsessiva e da histeria –, vai considerá-la uma estrutura rotativa, uma espécie de placa giratória, que depois virará na direção da histeria ou da neurose obsessiva.

A pontuação central é o porquê de seu caráter de reação eletiva diante da castração no nível da significação do Outro, s(A), no nível do sintoma. Toda aproximação do desejo do Outro conta com freqüência com a aparição de indicadores fóbicos. Por esse ângulo, pode-se pensar que certos momentos de estrutura fóbica são, freqüentemente, passos fundamentais em certas curas, pois, cada vez que deve ser refeita a prova do desejo do Outro, voltar a passar por ela, essa placa giratória pode operar, pondo em jogo, nessa prova do desejo do Outro, a qualificação precisa de desejo prevenido que Lacan dá ao descrever o desejo como defesa na fobia.

A importância clínica da aparição do desejo prevenido reside em que, com freqüência, ainda que nem sempre, surge quando cambaleia a função de tampão do fantasma em relação ao desejo do Outro. Nesse sentido, a fobia é uma patologia eletiva; este é seu privilégio quando se produz esse cambaleio, essa vacilação da obturação do fantasma, que implica o risco do enfrentamento com o desejo do Outro.

É importante levar em conta essa função do desejo prevenido, pois se costuma falar dos efeitos maníaco-depressivos do final de análise, mas existem, em contrapartida, escassas referências aos efeitos fóbicos do final de análise, na medida em que estes se relacionam com a prova do desejo do Outro. Podem produzir-se, portanto, em análises muito avançadas, momentos que parecem uma regressão, mas que não são, apenas fazem parte de uma nova volta de parafuso, ali onde falha o fantasma e onde a metáfora paterna fracassada da fobia vai compensá-lo no nível da significação do Outro, s(A). Nesse sentido, a experiência mostra que a fobia tem um lugar privilegiado, inclusive por sua capacidade de variação metafórica unida ao seu deslocamento metonímico, que lhe permite passar com rapidez da barata aos carros, dos carros a qualquer outra coisa, e assim sucessivamente.

Enquanto desejo prevenido, a fobia é uma proteção frente à angústia primordial. No próprio grafo, é necessário diferenciar a fobia situada em s(A) como uma forma da angústia sinal articulada com o sintoma, do desamparo e da angústia primordial que surge quando falha a obturação fantasmática e se abre, portanto, a hiância do desejo do Outro.

Deste modo, cabe diferenciar o enfoque freudiano da castração, no que diz respeito a esse ponto, do enfoque lacaniano; especialmente no que se examina com clareza em "A significação do falo": a nova aparência que assume a castração materna no ensino de Lacan, pois ela se torna – tal como Freud havia observado – um ponto privilegiado de revelação da barra que atravessa o Outro, (A̸), e que descobre o desejo do Outro, o Outro como desejante, que é, para Lacan, a castração propriamente dita. Esse desejo, essa hiância no Outro é, para Lacan, a castração, que é, principalmente, castração do Outro e não do sujeito.

O que em termos freudianos era a tentação do inconsciente, aquilo do recalcado que luta por se manifestar, é profundamente reformulado. Muda o perigo, o perigo passa a ser a castração do Outro, a prova do desejo do Outro, e não o perigo instintivo. O ponto central, portanto, é essa prova pelo desejo do Outro que Freud não torna explícita como tal. Inclusive, nos apêndices de "Inibição, sintoma e angústia", onde fala de luto e angústia fala da prova de amor, mas não de prova do desejo. Essa é a diferença.

Lacan, depois de introduzir a ameaça ou a nostalgia vinculadas à castração, diz:

> Certamente, é da lei introduzida pelo pai nessa seqüência que depende seu futuro (54, 673) [55, 701]

Nesse texto, a lei aparece ligada, por um lado, à proibição do incesto e, por outro, operando sob a forma da metáfora paterna. Se a operação é bem-sucedida, a fobia não se produz, dado que Lacan define a fobia como uma metáfora paterna que se alcança de forma incompleta e que supre seu malogro. Por esse ângulo:

> Mas, atendo-se à função do falo, pode-se assinalar [e é isso que me interessa destacar agora, porque depois deveremos voltar ao tema da lei] as estruturas às quais estarão submetidas as relações entre os sexos.
> Digamos que essas relações girarão ao redor de um ser e de um ter que, por se referirem a um significante, o falo, têm o efeito contrário de, por um lado, dar realidade ao sujeito nesse significante e, por outro, irrealizar as relações a serem significadas. (55-6, 673) [56-7, 701]

Essa frase é complexa. Antes de precisar o respectivo alcance do ser e do ter, ou seja, as duas vertentes da lógica atributiva do falo, o exame da frase nos indica, em primeiro lugar, que as relações entre os sexos girarão ao redor do ser e do ter, na medida em que essas relações remetem a um significante cujo privilégio já se destacou, o falo. Então, cabe precisar uma primeira distinção: o significante falo organiza o ser e o ter e sua lógica, mas não é o significante falo que se tem ou que se é.

O efeito que o falo produz é o de contrariar o que a biologia permitiria. Esse efeito, por um lado, "dá realidade ao sujeito nesse significante". "Realidade" implica aqui que a criança tem que se colocar na posição de ser o significante do desejo da mãe; enquanto sujeito essa posição lhe oferece realidade. Lacan escreve "realidade", não escreve "real"; ao determiná-lo desse modo, situa o sujeito em sua relação com o significante fálico – significante do desejo da mãe, isto é, em 1958, o representante por excelência do desejo do Outro –, basicamente numa posição de efeito imaginário de significado.

Por outro lado, a curiosa conseqüência desse dar realidade imaginária – que depende da posição ativa do significante fálico, (Φ) – a esse lugar que o desejo da mãe designa é que torna irreal, "irrealiza" as relações a serem significadas, ou seja, o significável das relações do sexo.

Por que as irrealiza? Lacan joga com as duas pontas que pode assumir o "irreal". Por um lado, transforma o que o sujeito tem, comparado com o significante do desejo, em algo que carece de valor, o que, do ângulo da biologia, é irreal, pois não perde nada de seu valor, ao qual, creio, pode-se qualificar de instintivo. Por outro lado, torna-se irreal num sentido forte, pois, estando interditada a possibilidade de união com a mãe, marca a perda da mãe como objeto sexual, objeto que se torna incestuoso para ambos os sexos por igual, tal como Freud já observou.

Então, como fazem os seres falantes, qualquer que seja seu sexo biológico, para compensar essa irrealização que, paradoxalmente, lhe oferece um "pouco de realidade" enquanto sujeito sexuado? Porque essa realidade que lhe é oferecida não é somente como sujeito, mas enquanto sujeito sexuado. Em outras palavras, dá um símile, um semblante de realidade à sexualidade dos seres falantes. Lemos nos parágrafos que se seguem:

Isso pela intervenção de um parecer que substitui o ter, para, por um lado, protegê-lo e, por outro, mascarar a falta no outro, e que tem o efeito de lançar inteiramente na comédia as manifestações ideais ou típicas do comportamento de cada um dos sexos, até o limite do ato da copulação. (57, 674) [58, 701]

No *Seminário V*, Lacan desenvolveu detalhadamente a significação do falo como a significação própria da comédia. Na citação anterior, sustenta que, como os seres falantes não podem ser homens ou mulheres num sentido instintivo, a ambos os sexos não lhes resta mais do que parecer: parecem homens e mulheres. Não podem sê-lo porque não têm a norma instintiva fixa que lhes daria uma realidade fixa; portanto, a única solução possível é esse parecer que, por não ser o parecer de nenhum ser, introduz a dimensão da máscara. Essa dimensão é a da *persona*, a *persona* é a máscara – é o sentido da palavra "*persona*" em latim. A máscara se introduz no texto como uma forma de busca de um ponto ideal, virtual, onde se poderia ser plenamente homem ou mulher. Ponto que tampouco existe e que, portanto, culmina no fracasso. O primeiro efeito do parecer é a busca de uma solução do lado do Ideal, solução que não basta e que sempre alcança essa queda da significação fálica que é da ordem da comédia.

Por isso Lacan vai se referir, freqüentemente, ao efeito de ridículo que infalivelmente provoca toda parada* sexual nos humanos; aquilo que não nos faz rir num animal nos provoca riso num ser humano, qualquer que seja seu sexo biológico. Uma mulher muito sedutora ou um homem muito sedutor sempre têm um ponto de ridículo; aqui sim, não há mais do que um passo muito tênue do sublime ao ridículo, passo que permite a Lacan afirmar que o amor se inscreve na ordem da comédia. Na medida em que se inscreve na ordem do Ideal para o sujeito, quando alguém passa do ponto, não digamos nem mesmo um milímetro, mas um mícron, esboça-se o sorrisinho no outro e entra em cena a vergonha, pois é o momento em que o sujeito se sente desnudado em sua falta, em sua comédia de vaidade fálica. Descrição válida para ambos os sexos, que não é própria nem do "masculino" nem do "feminino".

---

* A "parada", nos animais, é a exibição, a ostentação de atributos no encontro entre macho e fêmea, descrita em muitos livros de etologia. (NT)

Lacan continua dizendo:

> Esses ideais recebem seu vigor da demanda que têm o poder de satisfazer, e que é sempre demanda de amor, com seu complemento de redução do desejo à demanda. (58, 674) [59, 701]

Em tudo o que diz respeito à sexualidade, é muito difícil sustentar-se no nível do desejo, devido à dimensão idealizante que suscita como compensação da castração. Em "A angústia", a constatação clínica mostra que, quanto mais o sujeito responde ao Ideal, que é uma resposta à demanda; quanto mais responde no nível das seduções do Ideal, pior é o que acontece no que se refere ao desejo, tomando uma metáfora muito usada por Lacan, "mais mata o desejo".

Então diz:

> Por mais paradoxal que possa parecer essa formulação, dizemos que é para ser o falo, isto é, o significante do desejo do Outro, que a mulher vai rejeitar uma parte essencial da feminilidade, concretamente todos os seus atributos, na mascarada. É pelo que não é que pretende ser desejada, ao mesmo tempo que amada. Mas encontra o significante de seu próprio desejo no corpo daquele a quem dirige sua demanda de amor. Sem dúvida, não se deve esquecer que, por essa função significante, o órgão que está revestido dela toma valor de fetiche. Mas, para a mulher, o resultado continua sendo a convergência sobre o mesmo objeto de uma experiência de amor, que, como tal [...] priva-a idealmente daquilo que ele dá, e um desejo que encontra nele seu significante. (59, 674) [60, 701-702]

Encontramos aqui um equívoco que é importante levar em conta. Para ser razão do desejo deve estar na posição de significante do desejo; posição que não é idêntica, mas diferente da equação corpo-falo que se produz no nível do falo imaginário. "É pelo que não é que pretende ser desejada, ao mesmo tempo que amada".

Reaparece aqui a importância da privação na mulher. A mulher aparece nos fatos privada do falo; por isso, em relação à inveja do pênis, Lacan usará a palavra "nostalgia" e não "ameaça", dado que não se pode ameaçá-la com a perda do que não tem, pode-se somente experimentar a nostalgia do que nunca teve. A nostalgia é, portanto, o próprio termo da privação na mulher. Não obstante, para atuar como causa do desejo, a mulher tem como única saída a mascarada feminina. Por trás da máscara nunca há ninguém, nunca há um verdadeiro rosto.

Lacan ainda não diferenciou os atributos da mãe dos da mulher. No *Seminário XX*, refere-se aos caracteres sexuais secundários para assinalar que são a marca da mulher como mãe e não como mulher. Os atributos da maternidade se articulam com a lei da proibição do incesto e, se chegam a se articular com a razão do desejo, essa articulação funda-se na proibição da mãe, que é a outra face do desejo, na medida em que gera o objeto do desejo como perdido para sempre.

Se a mulher pretende ser desejada e amada por si mesma, confunde, por ação da estrutura idealizante que a defesa frente à castração favorece, o significante do Ideal, vinculado à demanda de amor, com o significante do desejo. Freud suspeitou disso ao assinalar que a menina é mais sensível à perda de amor do que a qualquer outra perda, e tudo que é da ordem do amor está relacionado com a demanda de amor e com o Ideal.

Lacan volta a sublinhar que no próprio ato sexual, se o outro tem o significante do desejo da mulher, esse ter priva-a de tê-lo, reavivando a ferida da privação, sua nostalgia.

O ponto central, que a diferenciará do homem, é que na mulher tendem a coincidir o objeto de amor e o objeto do desejo.

Trata-se de uma versão particular da tese de Freud de que para a menina é mais fácil a mudança de objeto, a passagem para o pai, dado que não tem que voltar para a mãe no complexo de Édipo; por isso Lacan sustenta:

> Por isso pode-se observar que a ausência [o defeito] da satisfação própria à necessidade [usa a palavra *besoin*, "necessidade biológica"] sexual, dito de outra maneira, a frigidez, é relativamente bem tolerada por ela, enquanto a *Verdrängung* [o recalque] inerente ao desejo é menor do que no homem. (59, 674) [60, 702]

Ao dizer "recalque" o texto se refere ao ponto 2, retomando assim a idéia freudiana de que o recalque é mais frouxo na mulher do que no homem. Mas, deste modo, isso lhe permite tolerar melhor o defeito da satisfação própria da necessidade sexual; refere-se à necessidade sexual no sentido da heterossexualidade copulatória.

Continua sendo certo que, para a mulher, o problema está na coincidência no mesmo objeto do significante do desejo e da privação. A relação sexual como tal, no sentido fenomênico da palavra, confronta-a, permanentemente, com a privação e com esse afeto particular que é a nostalgia. Lacan ainda não diz nada sobre o gozo feminino, pergunta que permanece sem resposta até o momento, muito posterior, em que poderá pensá-lo a partir de uma lógica diferente da que se infere da medida fálica. Esse comentário tão claro sobre a frigidez, que constantemente reaparece nos *Seminários XIX, XX* e *XXI*, já indica a impossível complementaridade do que ainda chama satisfação da necessidade no nível da relação sexual propriamente dita.

Essa falha no recalque, inerente ao desejo, coloca a mulher numa posição diferente em sua relação com o que, no momento, podemos chamar o corpo e que depois se formulará em termos de gozo. Na medida em que falha o recalque secundário, algo fica aberto na relação com o corpo, de uma maneira muito mais forte do que no homem.

Retomemos o texto:

> No homem, ao contrário, a dialética da demanda e do desejo engendra os efeitos sobre os quais há que se admirar uma vez mais com que segurança Freud os situou, nas próprias articulações às quais pertencem, sob a rubrica de um rebaixamento (*Erniedrigung*) [degradação] específico da vida amorosa.

Na histeria também pode se produzir essa degradação da vida amorosa, talvez com outras formas além da específica no homem, porque a histérica se faz de homem – como dirá Lacan no *Seminário XX* – e, nessa posição, cairá exatamente na mesma opção que o homem, isto é, na degradação da vida amorosa. Há um ponto onde a feminilidade, a mascarada feminina em sua articulação com o falo, não é histeria, mas implica certa solução no nível fálico da castração.

A histeria apontará mais para a degradação de formas distintas, as quais não assumem, necessariamente, a forma da mãe e da prostituta, para dizê-lo nos termos clássicos que Freud utiliza em relação à vida amorosa masculina, pois assume forma ou formas diferentes de degradação da vida amorosa. Esse é um tópico que merece um estudo detalhado, que retome e amplie o famoso artigo de Joan Rivière, tão citado por Lacan. Freud afirmava, para grande indignação das feministas, que é muito típico da histeria – afirmação que se considerou como muito elogiosa para com as mulheres – não apenas seu recalque menor, mas também sua dificuldade no que diz respeito ao amor pelo universal, pois carecem dos ideais e do compromisso com o universal que considerava próprio dos homens.

Lacan sustentará, posteriormente, que esse não submetimento ao ideal de universalidade tem vantagens. Entre elas certa liberdade, já que, por um lado, mesmo quando a mulher fica, sobretudo enquanto mãe, muito arraigada ao ideal através do amor, esse amor é um amor ao particular, não é um amor universal, é o amor ao objeto sobre o qual confluem a privação e o significante do desejo, amor e desejo. Portanto, é muito mais difícil para a mulher substituir um objeto perdido, e tem muito menos possibilidades de desenvolver-se no nível dos ideais universais, e, inclusive, menos ainda, no nível do universal não ideal. Por exemplo, lhe custa amar as crianças como universal; ama as suas, os seus filhos. Não é à-toa que o tango sustenta que "mãe existe uma só". Dessa forma, responde ao fantasma da mãe, que vai de um em um, e que de modo algum implica, de forma necessária, o amor a todas as crianças do mundo. Uma experiência clínica, inclusive não muito ampla, nos ensina quantas "vocações pedagógicas" naufragam com a maternidade.

Encerrarei com uma pergunta que, em minha opinião, merece ser feita: o que teria acontecido na psicanálise se Anna Freud tivesse tido filhos?

Anna Freud foi uma mulher que amou, antes de tudo, esse um insubstituível que foi seu pai. Renunciou a um homem, aos filhos, em prol desse amor; acaso lhe restava outra saída além da de amar todas as crianças, além de educar crianças obedientes, tão obedientes como ela mesma foi? A vantagem de Melanie Klein foi ter tido filhos, apesar dos dramas que teve com eles, mas que, em todo caso, a puseram em condições de escutar cada criança em particular e não à suposição universal do que deveria ser uma criança.

Essa pergunta nos lembra até que ponto a psicanálise, em sua própria conceitualização, deve levar em conta certos dramas subjetivos que tiveram uma forte incidência em sua história. A história de Anna Freud é a história de um drama subjetivo; basta ler sua biografia[4] para avaliar se acaso restou outra alternativa para essa menina que o pai chamava "minha pequena Antígona". Quando escolheu comentar a *Antígona* de Sófocles, no *Seminário VII*, Lacan desconhecia a correspondência que permite situar Anna como a Antígona de Freud. É evidente, portanto, que esses dramas da subjetividade concernem à história da psicanálise. Sabemos sobre eles muito depois de acontecerem, pois o véu do pudor cobre-os durante muito tempo.

Podemos criticar com rapidez Anna Freud ou alguns outros personagens da psicanálise? Acaso havia outra saída para ela como sujeito, inclusive como psicanalista, no lugar muito difícil em que estava situada? Sem dúvida, ela o quis assim, aceitou, assumiu, levou-o até o fim e morreu na casa em que seu próprio pai morreu em Londres, ali onde está o único museu verdadeiro de Freud.

É difícil saber de antemão como certos acidentes da vida de um sujeito se colocam e configuram certa forma de tomar para si a psicanálise. Se pensarmos que o analista de Anna Freud foi Freud, como teria podido analisar seu Édipo? Certamente, era uma tarefa da ordem do impossível. Sem dúvida, podemos pensar que obedeceu a certo desejo de Freud, quando não a uma demanda específica. Com evitar que em sua teoria acerca da análise de crianças os pais reais desempenhassem um papel central?

---

[4] Young-Bruehl, Elisabeth. *Ana Freud. Uma biografia*, Summit Books, Nova York, 1988.

OBRAS PUBLICADAS

Psicanálise e Tempo
Erik Porge

Psicanálise e Análise do Discurso
Nina Leite

Letra a Letra
Jean Allouch

Mal-Estar na Procriação
Marie-Magdeleine Chatel

Marguerite ou "A Aimée" de Lacan
Jean Allouch

Revista Internacional nº 1
A Clínica Lacaniana
A Criança na Clínica Psicanalítica
Angela Vorcaro

A Feminilidade Velada
Philippe Julien

O Discurso Melancólico
Marie-Claude Lambotte

A Etificação da Psicanálise
Jean Allouch

Roubo de Idéias?
Erik Porge

Os Nomes do Pai em Jacques Lacan
Erik Porge

Revista Internacional nº 2
A Histeria

Anorexia Mental, Ascese, Mística
Éric Bidaud

Hitler – A Tirania e a Psicanálise
Jean-Gérard Bursztein

Littoral
A Criança e o Psicanalista

O Amor ao Avesso
Gérard Pommier

Paixões do Ser
Sandra Dias

A Ficção do Si Mesmo
Ana Maria Medeiros da Costa

As Construções do Universal
Monique David-Ménard

Littoral
Luto de Criança

Trata-se uma Criança – Tomos I e II
*Congresso Internacional de Psicanálise
e suas Conexões – Vários*

O Adolescente e o Psicanalista
Jean-Jacques Rassial

— Alô, Lacan?
— É claro que não.
Jean Allouch

A Crise de Adolescência
Octave Mannoni e outros

O Adolescente na Psicanálise
Raymond Cahn

A Morte e o Imaginário na Adolescência
Silvia Tubert

Invocações
Alain Didier-Weill

Um Percurso em Psicanálise com Lacan
Taciana de Melo Mafra

A Fantasia da Eleição Divina
Sergio Becker

Lacan e o Espelho Sofiânico de Boehme
Dany-Robert Dufour

O Adolescente e a Modernidade – Tomos I, II e III
*Congresso Internacional de Psicanálise
e suas Conexões – Vários*

A Hora do Chá na Casa dos Pendlebury
Alain Didier-Weill

W. R. Bion – Novas Leituras
Arnaldo Chuster

Crianças na Psicanálise
Angela Vorcaro

O Sorriso da Gioconda
Catherine Mathelin

As Psicoses
Philippe Julien

O Olhar e a Voz
Paul-Laurent Assoun

Um Jeito de Poeta
Luís Mauro Caetano da Rosa

Estética da Melancolia
Marie-Claude Lambotte

O Desejo do Psicanalista
Diana S. Rabinovich

Os Mistérios da Trindade
Dany-Robert Dufour

A Equação do Sonhos
Gisèle Chaboudez

Abandonarás teu Pai e tua Mãe
Philippe Julien

A Estrutura na Obra Lacaniana
Taciana de Melo Mafra

Elissa Rhaís
Paul Tabet

Ciúmes
Denise Lachaud

Trilhamentos do Feminino
Jerzuí Tomaz

Gostar de Mulheres
Autores diversos

Os Errantes da Carne
Jean-Pierre Winter

As Intervenções do Analista
Isidoro Vegh

Adolescência e Psicose
Edson Saggese

O Sujeito em Estado Limite
Jean-Jacques Rassial

O que Acontece no Ato Analítico?
Roberto Harari

A Clínica da Identificação
Clara Cruglak

A Escritura Psicótica
Marcelo Muniz Freire

Os Discursos e a Cura
Isidoro Vegh

Procuro o Homem da Minha Vida
Daniela Di Segni

A Criança Adotiva
Nazir Hamad

Littoral
O Pai

O Transexualismo
Henry Frignet

Psicose, Perversão, Neurose
Philippe Julien

Como se Chama James Joyce?
Roberto Harari

A Psicanálise: dos Princípios
Ético-estéticos à Clínica
W.R. Bion – Novas Leituras
Arnaldo Chuster

O Significante, a Letra e o Objeto
Charles Melman

O Complexo de Jocasta
Marie-Christine Laznik

O Homem sem Gravidade
Charles Melman

O Desejo da Escrita em Ítalo Calvino
Rita de Cássia Maia e Silva Costa

O Dia em que Lacan me Adotou
Gérard Haddad

Mulheres de 50
Daniela Di Segni e Hilda V. Levy

A Transferência
Taciana de Melo Mafra

Clínica da Pulsão
Diana S. Rabinovich

Os Discursos na Psicanálise
Aurélio Souza

Littoral
O conhecimento paranóico

Revista Dizer – 14
A medicalização da dor

Neurose Obsessiva
Charles Melman

A Erótica do Luto
Jean Allouch

Um Mundo sem Limite
Jean-Pierre Lebrun

Comer o Livro
Gérard Haddad

Do Pai à Letra
Hector Yankelevich

A Experiência da Análise
Norberto Ferreyra

A Fadiga Crônica
Pura H. Cancina

O Desejo Contrariado
Robert Lévy

Psicanálise de Crianças Separadas
Jenny Aubry

Lógica das Paixões
Roland Gori

Um Narrador Incerto, Entre o Estranho e o Familiar
Lucia Serrano Pereira

Gide-Genet-Mishima
Catherine Millot

Dependência Química na Adolescência
Hélcio Fernandes Mattos

O Sexo Conduz o Mundo
Colette Chiland

Um Homem de Palavra
Nazir Hamad

A Arte de Reduzir as Cabeças
Dany-Robert Dufour

Poetas, crianças e criminalidade... sobre Jean Genet
Alba Flesler / Claudio Martyniuk / Fernando Sabsay / Isidoro Vegh

A Paixão do Sujeito Freudiano
Bernard Penot

Clínica Lacaniana: As Homossexualidades, Revista Internacional n 2

O Próximo
Isidoro Vegh

A SEREM EDITADOS:

Os Nomes Indistintos
Jean-Claude Milner

O Caminhante Analítico
Victor Smirnof

Figuras do Real
Ginette Michaud

Do Amor do Outro ao Amor de Si
Patrick Delaroche

A Topologia de Lacan
Jean-Paul Gilson

O Conhecimento Paranóico
Revista Litoral

Letra e Pulsão de Morte
Andre Green

Enigma do Incesto
Laure Rozen

O Inferno do Dever
Denise Lachaud

A Quarta Mulher
Paul Tabet

Lacaniana
Moutapha Safouan

Dez Conferências de Psicanálise
Moustapha Safouan

Estados de Abandono
Jacques André

Transferência e Estados Limites
Jacques André

Da Paixão
Jacques André

A Anatomia da Terceira Pessoa
Guy Le Gaufey

A Criança no Espelho (Freud Wallon Lacan)
Émile Jalley

A Sombra do Teu Cão:
discurso analítico – discurso lésbico
Jean Allouch

O Livro das Separações
Emílio Rodrigué

A Violência na Adolescência
Pierre Kamerer

Para uma Clínica do Real
Isidoro Vegh

A Significação do Falo
Diana Rabinovich

A Angústia e o Desejo do Outro
Diana Rabinovich

O Fracasso do Fantasma
Silvia Amigo

A Topologia de Jacques Lacan
Jean-Paul Gilson

As Figuras do Real
Patrick Delaroche

A Ambivalência Materna
Michele Benhaïm

Oriente Médio: povos autoritários,
sociedades bloqueadas
Philippe Droz-Vincent

Dicionário da Sexualidade Humana
Philippe Brenot

Dicionário da Justiça
Löic Cadiet

O Jornalista e seu poder
Gérard Spitéri

Michel Foucault: a inquietude da história
Mathieu Potte-Bonneville

Lacaniana: os seminários de Jacques Lacan – 1964-1979
Moustapha Safouan

A Escola do Sujeito
Claude Dumézil

O Sexo do Mestre
Jean Allouch

Psicoterapia-Psicanálise-Didática 1 – debates
Analyse Freudienne Presse

Psicoterapia-Psicanálise-Didática 2 – escritos
Analyse Freudienne Presse